Rainer Mohr

Teleteaching im Internet-Angebot und Technologieü

Rainer Mohr

Teleteaching im Internet-Angebot und Technologieüberblick

diplom.de

Bibliografische Information der Deutschen Nationalbibliothek:

Bibliografische Information der Deutschen Nationalbibliothek: Die Deutsche
Bibliothek verzeichnet diese Publikation in der Deutschen Nationalbibliografie;
detaillierte bibliografische Daten sind im Internet über http://dnb.d-nb.de/ abrufbar.

Copyright © 1999 Diplomica Verlag GmbH
Druck und Bindung: Books on Demand GmbH, Norderstedt Germany
ISBN: 978-3-8386-2058-9

Rainer Mohr

Teleteaching im Internet-Angebot und Technologieüberblick

Diplomarbeit
an der Universität Regensburg
Prüfer Prof. Dr. Franz Lehner
Dezember 1999 Abgabe

***Diplomarbeiten* Agentur**
Dipl. Kfm. Dipl. Hdl. Björn Bedey
Dipl. Wi.-Ing. Martin Haschke
und Guido Meyer GbR

Hermannstal 119 k
22119 Hamburg

agentur@diplom.de
www.diplom.de

ID 2058

ID 2058
Mohr, Rainer: Teleteaching im Internet-Angebot und Technologieüberblick/Rainer Mohr ·
Hamburg: Diplomarbeiten Agentur, 2000
Zugl.: Regensburg, Universität, Diplom, 1999

Dipl. Kfm. Dipl. Hdl. Björn Bedey, Dipl. Wi.-Ing. Martin Haschke & Guido Meyer GbR
Diplomarbeiten Agentur, http://www.diplom.de, Hamburg 2000
Printed in Germany

Diplomarbeiten Agentur

Wissensquellen gewinnbringend nutzen

Qualität, Praxisrelevanz und Aktualität zeichnen unsere Studien aus. Wir bieten Ihnen im Auftrag unserer Autorinnen und Autoren Wirtschaftsstudien und wissenschaftliche Abschlussarbeiten – Dissertationen, Diplomarbeiten, Magisterarbeiten, Staatsexamensarbeiten und Studienarbeiten zum Kauf. Sie wurden an deutschen Universitäten, Fachhochschulen, Akademien oder vergleichbaren Institutionen der Europäischen Union geschrieben. Der Notendurchschnitt liegt bei 1,5.

Wettbewerbsvorteile verschaffen – Vergleichen Sie den Preis unserer Studien mit den Honoraren externer Berater. Um dieses Wissen selbst zusammenzutragen, müssten Sie viel Zeit und Geld aufbringen.

http://www.diplom.de bietet Ihnen unser vollständiges Lieferprogramm mit mehreren tausend Studien im Internet. Neben dem Online-Katalog und der Online-Suchmaschine für Ihre Recherche steht Ihnen auch eine Online-Bestellfunktion zur Verfügung. Inhaltliche Zusammenfassungen und Inhaltsverzeichnisse zu jeder Studie sind im Internet einsehbar.

Individueller Service – Gerne senden wir Ihnen auch unseren Papierkatalog zu. Bitte fordern Sie Ihr individuelles Exemplar bei uns an. Für Fragen, Anregungen und individuelle Anfragen stehen wir Ihnen gerne zur Verfügung. Wir freuen uns auf eine gute Zusammenarbeit

Ihr Team der *Diplomarbeiten* **Agentur**

Dipl. Kfm. Dipl. Hdl. Björn Bedey
Dipl. Wi.-Ing. Martin Haschke
und Guido Meyer GbR

Hermannstal 119 k
22119 Hamburg

Fon: 040 / 655 99 20
Fax: 040 / 655 99 222

agentur@diplom.de
www.diplom.de

Eidesstattliche Erklärung:

Ich versichere hiermit, daß ich diese Diplomarbeit selbständig verfaßt, keine anderen als die angegebenen Quellen und Hilfsmittel verwendet habe und die Arbeit bisher keiner anderen Prüfungsbehörde vorgelegt habe.

Regensburg, den 03.12.1999

Abbildungsverzeichnis

1. Einführung

> *„The day has almost arrived, when you can easily*
> *conduct busines, study, explore the world and its*
> *cultures, call up great entertainment, make friends, go*
> *to neighborly markets, and show pictures to your relatives,*
> *wherever they are – without leaving your desk or your armchair"[1]*
> (Bill Gates, 1995)

Was Bill Gates, der Vorsitzende von Microsoft, beschreibt, ist die Entstehung und das rasante Wachstum des Informationshighways, der in viele Bereiche unseres Lebens Einzug halten wird. Text, Bilder, Audio und Video werden in Sekundenschnelle quer über den Globus gesendet und werden für jedermann verfügbar. Diese Entwicklung hält auch in der Hochschullehre Einzug. Zum Frühstück eine Konferenz mit Michael Porter in Harvard über Marktkräfte, mittags eine Vorlesung zur Geldpolitik bei Milton Friedman und nachmittags „Linux richtig konfigurieren" von Linus Torvalds höchstpersönlich. Was sich hier als Traumszenario darstellt, könnte so ähnlich in naher Zukunft zur Realität werden.

Während früher Dozenten mit besonderen Kompetenzen oder Forschungserfahrungen ausgewählter Universitäten vorbehalten waren, können sie heute durch den Einsatz von innovativen Multimediatechnologien und Hochgeschwindigkeitsnetzen ihr Wissen jenseits geographischer Grenzen verbreiten.

Vom Teleteaching und Telelearning ist die Rede, das in den kommenden Jahren die traditionelle Hochschullehre nicht ersetzen, sondern bereichern soll. So kann man sich in naher Zukunft vorstellen, daß Studenten je nach persönlichem Interesse einen individuellen Stundenplan zusammenstellen, der sich aus Vorlesungen beliebiger Universitäten im In- oder Ausland zusammensetzt. So wäre eine Beschränkung des Lehrangebots einer Universität aufgehoben und die Idee des perfekt auf den Studenten zugeschnittenen Studiums Wirklichkeit.

---

[1] Bill Gates, „The road ahead", S. 4-5

Denkbare Szenarien werden entwickelt, die eine vollkommen virtuelle Lehrumgebung darstellen. Ein Hörsaal auf dem Desktop, auf dem man den Dozenten live in Bild und Ton mitverfolgen kann, Lehrbücher zum Abrufen in der Onlinebibliothek, Chaträume zum bilden kleiner Gruppen, um Übungsaufgaben zu lösen, mit anschließendem Treffen im CyberCafe, um sich zu unterhalten und noch offene Fragen zu klären. Und das alles ohne die eigene Hochschule oder sogar das eigene Zuhause zu verlassen.

Theoretisch ist eine universitäre Ausbildung tatsächlich nahezu ohne Präsenz an der Hochschule möglich. Diverse Projekte arbeiten bereits darauf hin, und die schnell voranschreitende Entwicklung von Computern und Netzwerken machen Hoffnung auf eine baldige Umsetzung der Pläne. Das Internet bietet sich als Kommunikationsplattform wegen seiner leichten Erreichbarkeit, auch außerhalb der Hochschulen, an. Die Software in diesem Bereich und die Übertragungsgeschwindigkeit der Leitungen werden kontinuierlich verbessert, wodurch immer mehr Hürden fallen, die eine vollständige, reibungslose Kommunikation über große Distanzen bislang behindert haben.

Wie zahlreiche Erfahrungsberichte von Hochschulen zeigen, sind sowohl positive, als auch negative Erfahrungen gemacht worden. Während die einen Dokumente sich lesen wie die Entdeckung einer neuen Welt, sprechen andere von unzulänglicher Technik und Inakzeptanz seitens der Studenten und Dozenten. Hier deutet sich schon an, daß Teleteaching in manchen Formen noch nicht ausgereift ist und kontinuierlich verbessert werden muß. Andererseits sind aber auch erste Erfolge verzeichnet worden, und die neue Form des Lernens weist enorme Potentiale auf, die unter anderem in der vorliegenden Arbeit erläutert werden sollen.

1.1. Wozu Teleteaching?

Die Notwendigkeit von räumlich und auch zeitlich unabhängigen Möglichkeiten zur Aus- und Weiterbildung hängt mit der Gesellschaftsentwicklung in der achtziger und neunziger Jahren zusammen. Präsenz an einer Hochschule erfordert sowohl viel Zeit als auch Geld, und ein Studium neben der regulären Berufstätigkeit ist heute nur schwer möglich. Gerade in Zeiten steigender Arbeitslosigkeit ist es nötig, eine Möglichkeit zu schaffen, Menschen mit Familie und Beruf die Option einer Umschulung oder Weiterbildung in Kombination mit ihrem familiären Leben zu schaffen[2].

Speziell die Fernuni Hagen hat sich aus solchen Überlegungen auf das Fernstudium spezialisiert und ermöglicht damit allen ein Studium, die aus unterschiedlichsten Gründen nicht an einer regulären Universität präsent sein können. Obwohl die Lehrmaterialien noch hauptsächlich über den Postweg transportiert werden, zeichnen sich Tendenzen ab, die elektronischen Medien stärker einzubinden und somit eine höhere Interaktion zwischen Dozenten und Mitstudenten zu erreichen[3]. Dies wird hauptsächlich durch die rasante Entwicklung der Computer und Netzwerke in den 90´er Jahren ermöglicht und eröffnet neue und effizientere Chancen für Betreuung der Studenten. Als Trägermedium wird hauptsächlich das Internet verwendet. Grund hierfür ist die leichte Erreichbarkeit des Mediums und die Tatsache, daß lediglich ein PC und ein Internet Service Provider (ISP) nötig sind, um einen Anschluß an das Netz zu bekommen. Das Internet erfährt seit Jahren ein rasantes Wachstum, 1997 wurden in Europa 13,3 Millionen an das Internet angeschlossene Computer gezählt, 2002 sollen es einer Marktstudie[4] zufolge bereits 69 Millionen sein.

1.2. Ziel der Arbeit

Teleteaching ist eine neuere Entwicklung in der Hochschullehre. Viele schon vorhandene Angebote befinden sich noch im Versuchsstadium, und es werden erste Erfahrungen gesammelt; andere wiederum sind schon lange erprobt und haben sich fest im Hochschulwesen etabliert.

Ziel der vorliegenden Arbeit ist ein State-of-the-Art des Teleteaching an deutschen Hochschulen, in dem die unterschiedlichen Formen des Teleteaching abgegrenzt und erklärt werden sollen. Die schon vorhandenen Teleteachingangebote im deutschen Hochschulraum sollen aufgezeigt und beschrieben und auf ihre technische Umsetzung hin untersucht werden. Dabei sollen die Angebote sowohl von der Anbieter- als auch von der Anwenderseite untersucht und Probleme dabei aufgedeckt werden.

---

[2] Starr Roxanne Hiltz, 1994, S.3
[3] Vgl. https://vu.fernuni-hagen.de/Anwendung/information/szenario.html
[4] Vgl. http://www.dataquest.com

Dem Leser soll ein schneller Überblick über die bestehenden Aktivitäten der Hochschulen im Bereich Teleteaching und die zur Realisation eingesetzten Technologien vermittelt werden. Dabei sollen auch Vor- und Nachteile des Teleteaching im Allgemeinen, sowie der verschiedenen Techniken zur Umsetzung im Besonderen beleuchtet werden.

1.3. Aufbau der Arbeit

Nach diesem einleitenden Kapitel wird der Autor die für das Teleteaching relevanten Begriffe im zweiten Kapitel erklären und die technologischen Bausteine beschreiben, die dafür verwendet werden.

Kapitel 3 erklärt die Grundlagen und die Technik des Internets und beschreibt verschiedene Tools, die bei den Teleteachingangeboten zum Einsatz kommen. Dabei sollen die technischen Voraussetzungen, die für diverse Teleteaching-Bausteine benötigt werden, sowohl für die Anbieter, als auch für die Nutzer aufgezeigt werden.

Kapitel 4 beschreibt die Entwicklung eines Vorgehensmodells zur Suche nach Teleteachingaktivitäten und dessen Anwendung im Rahmen dieser Arbeit.

Daran anschließend werden in Kapitel 5 die gefundenen Teleteaching-Veranstaltungen im deutschen Hochschulraum aufgezeigt, und auf ihre technische Umsetzung hin untersucht.

In Kapitel 6 werden Erfahrungsberichte mit Televorlesungen von diversen Lehrstühlen ausgewertet, um einen Überblick über bisherige Erfolge und Probleme mit dem Teleteaching zu geben.

2. Definitionen und Terminologie

„Fernlernen" oder „distance education" bezeichnet Bildungsmaßnahmen, die nicht unter der kontinuierlichen und unmittelbaren Kontrolle von Lehrenden stehen und nicht an einem gemeinsamen Ort stattfinden. Es zeichnet sich hauptsächlich dadurch aus, daß der zu vermittelnde Stoff und die zu lösende Aufgaben hauptsächlich in Druckform über den Postweg zugestellt werden und vom Lernenden selbständig erarbeitet und gelöst werden. Eine Präsenz an der Hochschule ist in der Regel nicht erforderlich. Sofern ein Feedback nötig ist, wird dieser ebenfalls per Post erledigt. Erste Überlieferungen dieser Lernform datieren auf das Jahr 1720[5].

Unter Teleteaching/Telelearning werden Bildungsmaßnahmen verstanden, die ebenfalls räumlich getrennt stattfinden. Zentrales Unterscheidungsmerkmal zum Fernlernen in seiner herkömmlichen Form ist aber die Verwendung von elektronischen Medien. Der Unterschied von Teleteaching und Telelearning liegt in der Perspektive des Betrachters, je nachdem ob er Wissensvermittler oder -konsument ist. Die Begriffe sollen in dieser Arbeit als Synonyme für das elektronisch gestützte Lernen über Distanzen verwendet werden.

2.1. Die Frage der Interaktion

Der wesentliche Vorteil, der durch den Einsatz neuer elektronischer Medien entsteht, ist die Interaktivität. Während herkömmliche Fernstudien über elektronische Medien bisher von einer einseitigen Wissensvermittlung geprägt waren - beispielsweise das Telekolleg im analogen Fernsehen - bieten moderne Teleteachingangebote den Lernenden die Gelegenheit, mit dem Dozenten zu interagieren. Daher kann Teleteaching in zwei verschiedene Arten unterteilt werden, nämlich in solche mit und ohne Interaktion.

Letzteres beschreibt die Lehrform, bei der von dem Lernenden kein Feedback erwartet wird und dient hauptsächlich der Vor- oder Nachbearbeitung von Unterrichtsstoffen mit Hilfe der elektronischen Medien. Vergleichbar ist

---

[5] Astleitner 1999, S.20

diese Form mit dem Lehren anhand von Büchern oder ähnlichen Arbeitsunterlagen im herkömmlichen Unterricht.

Bei dem Interaktiven Teleteaching kann noch in „sporadische Nutzung der neuen Informationstechnologien", „Fernunterricht" auf der Basis neuer Informationstechnologien und „Fernstudien" auf Basis der Informationstechnologien unterteilt werden[6]. Ersteres findet unregelmäßig statt und bezieht sich in der Regel nur auf kleine Teile des Stoffes, beispielsweise im Rahmen von Projektwochen oder einzelnen Seminaren.

„Fernunterricht" hingegen umfaßt größere und signifikante Teile des Lehrinhalts und ist fester Bestandteil der Lehre, meist mit Prüfungsrelevanz und umfassendem Inhalt. Hier werden in der Regel Nebenfächer und kleine Kapitel des Lehrstoffes behandelt und als eine von mehreren Unterrichtseinheiten zusammengefaßt.

„Fernstudien" stellen noch eher die Ausnahme als die Regel dar und sind permanent eingerichtet. Sie umfassen ganze Fachbereiche und sind die wohl zukunftsträchtigste, aber auch technisch gesehen schwierigste Form des Teleteaching.

2.2. Szenarien des Teleteaching

Teleteaching beschreibt grundsätzlich das Lehren über Distanzen mittels Rechnernetzen und elektronischen Medien. Dabei existieren verschiedene Szenarien, bezüglich der Verteilung der Lehrenden und Lernenden.
Abbildung 2.1. zeigt die drei möglichen Konstellationen, in denen die Teilnehmer gruppiert werden können.
Das eine Szenario ist der Remote Lecture Room (RLR), in dem zwei Hörsäle mit relativ großer Teilnehmerzahl durch ein Netzwerk verbunden werden. Solche Situationen werden hauptsächlich bei Televorlesungen realisiert und erlauben tendenziell wenig Interaktion, bedingt durch die große Teilnehmerzahl. Dieses Szenario ist noch am ehesten mit einer traditionellen Vorlesung vergleichbar.

---

[6] Astleitner 1999, S.20

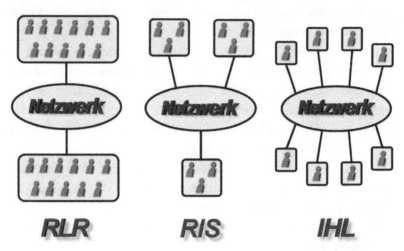

Abb. 2.1. Szenarien der Personenverteilung.

Quelle: In Anlehnung an Geyer, Eckert, Effelsberg: Multimediatechnologie zur Unterstützung der Lehre an Hochschulen

Eine weitere Möglichkeit ist das „Remote Interactive Seminar" (RIS), das sich durch die Vernetzung kleinerer Gruppen auszeichnet und tendenziell eher zu Seminarzwecken verwendet wird. Die Interaktion zwischen den Gruppen wird hier zum wesentlichen Bestandteil, da der Austausch von selbst erarbeiteten Ergebnissen zum Ziel der Veranstaltung wird.

Bei der dritten Möglichkeit, „Interactive Home Learning" (IHL), steht der selbstgesteuerte Lernprozeß im Vordergrund. Alle Teilnehmer sitzen getrennt voneinander an einzelnen Rechnern und erarbeiten sich die Materie individuell. Interaktion entsteht bei Bedarf durch den Austausch der Ergebnisse und das gemeinsame Aufarbeiten des Lernstoffs im Netz.

Der Übergang von einem Szenario zum anderen ist fließend, es können beispielsweise Seminare auch im IHL-Szenario abgehalten werden oder Vorlesungen im RIS Szenario gehört werden.

2.3. Abgrenzung Televorlesung / Open Distance Learning / Teletutoring

Während Teleteaching in dieser Arbeit als allgemeiner Begriff für das Lehren über Distanzen mit Hilfe elektronischer Medien verwendet wird, können „Televorlesungen", „Open Distance Learning" und das „Teletutoring" abgegrenzt werden, wobei die Übergänge dieser Teleteachingvarianten teilweise fließend sind.

2.3.1. Televorlesungen

Televorlesungen sind Vorträge von Dozenten, die mittels elektronischen Medien übertragen werden. Dabei steht der Aspekt der aktiven Wissensvermittlung durch einen Dozenten im Vordergrund[7]. Der Lernende soll Wissen vom Lehrenden aufnehmen, und ersterem soll die Möglichkeit gegeben werden, Rückfragen zu stellen und über das Thema zu diskutieren. Maßgeblich für die Einordnung in diese Kategorie ist sowohl die räumliche Trennung von Dozent und Lernendem als auch die Kommunikation über elektronische Medien, sowie die „face to face"-Situation von Lernendem und Lehrendem.

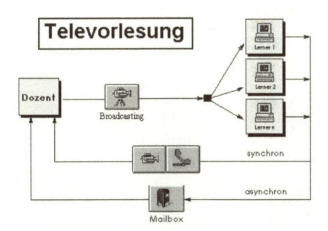

Abb 2.2. Televorlesung Übersicht,

Quelle: http://www.tele-ak.fh-furtwangen.de/ta-info/lern/teach.htm

---

[7] http://www.tele-ak.fh-furtwangen.de/ta-info/lern/teach.htm

Unterschieden wird des weiteren noch zwischen synchronen und asynchronen Televorlesungen. Synchrone Televorlesungen zeichnen sich durch eine zeitliche Gebundenheit der Wissensvermittlung aus, wie sie bei der Liveübertragung einer Vorlesung oder eines Vortrages im RLR- oder RIS-Szenario stattfinden. Die Rückfragemöglichkeiten können ebenfalls synchron per Audio und Video eingerichtet werden oder auch asynchron per Newsgroups oder E-Mail.

Asynchrone Televorlesungen sind Aufzeichnungen von Veranstaltungen, die elektronisch gespeichert und zum Abruf auf einen Internetserver abgelegt werden. Hier dominiert das IHL-Szenario. Interaktion findet beim Abruf der Veranstaltung ebenfalls asynchron mit den oben genannten Mitteln statt, was spontane Zwischenfragen bei Schwierigkeiten mit dem Stoff nicht zuläßt.

2.3.2. Open Distance Learning

Beim Open Distance Learning (ODL) steht die unmoderierte Form des Lernens bei Bedarf im Vordergrund, weswegen es auch als „learning on demand" oder „just-in-time learning" bezeichnet wird.

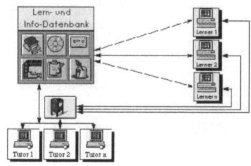

Abb. 2.3. Open Distance Learning Übersicht
Quelle: http://www.tele-ak.fh-furtwangen.de/ta-info/lern/odl.htm

Hierbei werden vorgefertigte Lerneinheiten und aufbereitete Veranstaltungen zu einem beliebigen Zeitpunkt vom Lernenden im IHL-Szenario abgerufen und selbständig erarbeitet.

Die Palette reicht hier von reinen Texten mit unbewegten Bildern, bis zu aufgezeichneten Videosequenzen oder vorgefertigten Animationen. Die Lehrmaterialien werden in einer Datenbank auf einem Internetserver abgelegt und sind somit für jeden Zugangsberechtigten immer und von Jedem Ort aus verfügbar.

Diese Form der Lehre erfolgt grundsätzlich asynchron und kann um die Betreuung durch einen Dozenten mittels E-Mail, Newsgroups oder sogar Videokonferenzen erweitert werden, was den Vorteil der zeitlichen Ungebundenheit beim Lernen und der frei festlegbaren Lerngeschwindigkeit mit sich bringt.

2.3.3. Teletutoring

Das Teletutoring beschreibt ein vom Dozenten moderiertes Lernen, das über räumliche Distanzen hinweg betrieben wird. „Es handelt sich um ein betreutes Fernstudium unter Nutzung moderner Telekommunikationsmittel, bei dem sich der Lernende mit Hilfe unterschiedlicher Medien ein Thema online oder offline unter Anleitung eines Lehrenden erarbeitet"[8].

Der Unterschied zum traditionellen Fernstudium besteht darin, daß eine direkte Kommunikation zwischen den Lernenden unter sich und dem Dozenten über Elektronische Kommunikationswerkzeuge wie E-Mail, Newsgroups und Chat stattfindet und die Lernenden sich zu kleineren Gruppen zusammenschließen können, um den Stoff und bestimmte Aufgaben gemeinsam zu erarbeiten. Der Fortlauf des Lernens wird durch den betreuenden Dozenten gelenkt, und ein bestimmter Zeitrahmen wird festgelegt, in dem der Lernstoff durchzuarbeiten ist.

---

[8] http://www.tele-ak.fh-furtwangen.de/ta-info/lern/tut.htm

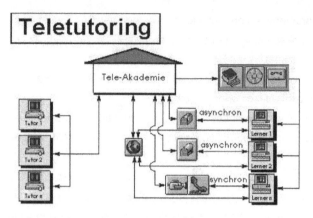

Abb 2.4. Teletutoring Übersicht

Quelle: http://www.tele-ak.fh-furtwangen.de/ta-info/lern/tut.htm

Die Lehrmaterialien können dabei unterschiedliche Formen haben. So kann das Lehrmaterial aus Programmen, Texten, Animationen, Videos und Bilder bestehen, die von Lernenden, meist im IHL-Szenario, unter Anleitung eines Tutors selbständig erarbeitet werden sollen.

2.4. Technologische Bausteine des Teleteaching

Die drei unter Punkt 2.4. beschriebenen Formen des Teleteaching setzen sich aus verschiedenen Bausteinen zusammen, die in Kombination zu Teleteachingangeboten werden. Die einzelnen Module stellen, separat betrachtet, meist keine eigenständige Lehrform dar, sondern werden zu Lernpaketen geschnürt und bilden in Kombination effektivere Ausbildungsmöglichkeiten. Nachfolgend werden die einzelnen Module erläutert und ein Überblick über deren Möglichkeiten gegeben.

2.4.1. Vorlesungsskripten

Vorlesungsskripten in elektronischer Form sind der wohl häufigste zu findende Teilbereich des Teleteaching. Sie werden meist vorlesungsbegleitend angeboten, oder zum Selbststudium in das Internet gestellt. In manchen Fällen ersetzen sie Lehrbücher und dienen sowohl als Vorbereitungslektüre als auch als Nachschlagewerk. Hierbei hat sich vor allem das HTML-Format[9] durchgesetzt, da es unter anderem die Möglichkeit bietet, durch Mausklick über Hyperlinks in der Gliederung ohne Umwege zu der gesuchten Stelle im Dokument zu gelangen. Auch Querverweise zu anderen relevanten Dokumenten im Internet sind damit möglich. Ein zusätzlicher Vorteil ist die geringe Dateigröße, die keine hohe Netzbandbreite voraussetzt.

Neben dem HTML-Format ist das Postscript-Format und das PDF-Format[10] von Adobe[11] unter den Vorlesungsskripten weit verbreitet. Letzteres kann ebenfalls Hyperlinks verarbeiten, und beide bringen den zusätzlichen Vorteil mit sich, daß eine plattformübergreifende, identische Darstellung des Dokuments auf allem Betriebssystemen und Rechnern ermöglicht wird, was beispielsweise mit Texten, die auf Truetype-Schrift[12] basieren, nicht gewährleistet werden kann. Beispiele hierfür wären das Microsoft Word Format oder das RTF-Format[13]

2.4.2. Newsgroups

Newsgroups, auch „Electronic Bulleting Boards" genannt, dienen hauptsächlich dem Austausch von Ergebnissen und Meinungen und sind meist eine Ergänzung zu Vorlesungen und Übungen. Sie stellen die unterste Ebene der Interaktiven Kommunikation zwischen Dozenten und Mitstudenten dar, da sie lediglich eine zeitunabhängige Interaktion ermöglichen. Der Dozent hat die Möglichkeit, Aufgaben zu stellen oder ungeklärte Sachverhalte in Textform zu erklären. Die Studenten können Rückfragen stellen und ihre eigenen Lösungen präsentieren, sowie die der Kommilitonen kommentieren. Die Beiträge werden auf dem Server gespeichert. Von dort aus abrufbar, sind sie somit auch später noch einsehbar, was ein Nachholen des Stoffes oder die Suche einer bereits gestellten Frage ermöglicht.

---

[9] HTML: Hyper Text Markup Language, die im Internet verwendete Seiten-Beschreibungs-Sprache, vgl. http://www.w3.org/MarkUp/
[10] PDF: Portable Document Format
[11] http://www.adobe.com
[12] Schriftsystem, das von Apple Computer Inc. entwickelt wurde, um verschiedenen Buchstaben horizontal unterschiedlich viel Platz zu geben.
[13] RTF: Rich Text Format

2.4.3. Chat

Chat in seinen verschiedenen Erscheinungsformen, ist eine Variante der synchronen, textbasierten Unterhaltung zwischen mehreren Personen. Sie kann eingesetzt werden, um in Echtzeit zu diskutieren und wird meist als Ergänzung zu Teleseminaren oder Aufgabenstellungen verwendet. Den Studierenden kann so die Gelegenheit gegeben werden, Fragen zu stellen und ohne Verzögerung, wie beispielsweise bei der Newsgroup, Antworten zu bekommen. Somit kann eine Diskussion stattfinden, ohne daß beteiligte Personen an einem bestimmten Ort präsent sein müssen. Häufige Verwendung findet Chat bei Fragestunden zu bestimmten Themen oder Gruppendiskussionen. Solche Online-Fragestunden verlangen eine zeitliche Koordination und sind nachhaltig nicht mehr zur Einsicht verfügbar.

2.4.4. Web-basierte Anwendungen

Dynamische, Web-basierte Anwendungen, beispielsweise in Java, SMIL, VRML oder Flash, ermöglichen es, bestimmte Sachverhalte in einer für das Fach angemessenen Form zu erklären ohne dafür lediglich Text oder Ton zu verwenden. So können beispielsweise komplexe mathematische Zusammenhänge oder physikalische Phänomene besser durch Diagramme und Animationen dargestellt und erklärt werden, als durch Text oder Beschreibungen, 3D-Modelle können komplexe Gebilde besser veranschaulichen als jede noch so präzise Beschreibung in Textform. Beispiele hierfür sind Kurvendarstellungen durch Eingabe einer chemischen Formel, naturwissenschaftliche Berechnungen, die im Internet durchgeführt werden können, oder frei dreh- und skalierbare 3D-Modelle, die mechanische Bauteile abbilden. Damit können spezielle Anwendungen für bestimmte Fächer auf den Lehrinhalt zugeschnitten und von jedem Lernenden benutzt werden, um den Stoff zu veranschaulichen und zu vertiefen. Anwendungen dieser Art werden in der Regel zusammen mit erklärenden Texten im HTML-Format ins Internet gestellt, welche die Anwendungen erklären und Hilfestellung sowie Anleitungen zum Gebrauch geben.

2.4.5. Video on Demand / Lecture on Demand

Eine gute Möglichkeit, um versäumte Vorlesungen später zu hören, oder nicht verstandene Inhalte nachzuarbeiten, ist „Video-„ oder auch „Lecture on Demand". Hierbei wird eine Vorlesung digital aufgezeichnet und nachbearbeitet um sie anschließend im Internet, zeitlich unabhängig von der tatsächlich stattgefundenen Vorlesung, anzubieten. Damit ist es auch möglich, nur gewisse Teile eines Vortrages zu hören, die Vorlesung nach Belieben zu unterbrechen, oder nur bestimmte Teile zu wiederholen. Durch Kontrollsignale können parallel dazu Folien oder Kontrollfragen in einem zweiten Fenster angezeigt werden, um das Verständnis zu verbessern und den Kerninhalt des Vortrages hervorzuheben.

2.4.6. Live-Vorlesungen

Bei dieser zeitabhängigen Form des Teleteaching wird eine Vorlesung aus dem Hörsaal live in Bild und Ton über ein leistungsfähiges Netzwerk in das Internet übertragen und bietet damit die Möglichkeit, Vorlesungen zu hören, die an entfernten Orten stattfinden. Dies wird vor allem dann wichtig, wenn zu bestimmten Themen Sachverständnis notwendig wird, das vor Ort nicht vorhanden ist. Der Vorteil hierbei ist, daß kein fester Speicherplatz, wie bei den unter 2.4.1. genannten Aufzeichnungen, notwendig und eine unbestimmte Zahl von Mithörern möglich ist.

Unterschieden wird zudem noch zwischen Vorlesungen mit und ohne Interaktion. Interaktive Live-Vorlesungen zeichnen sich dadurch aus, daß bidirektional Signale übertragen werden, so daß die Hörer die Möglichkeit haben, Rückfragen an den Dozenten zu stellen und über den Inhalt der Vorlesung zu diskutieren. Dies kann durch bidirektionale Video- und Audioströme erfolgen, oder lediglich über Tools wie das Whiteboard, welches in Kapitel 2.3.8. beschrieben wird. In der ersten Variante kann der Dozent dabei auch seine Hörer sehen und hören, was den Charakter von herkömmlichen Vorlesungen in gewissem Maße widerspiegelt. Bei solchen interaktiven Vorlesungen muß die Teilnehmeranzahl jedoch auf ein vernünftiges Maß reduziert werden, um den Fortlauf der Veranstaltung nicht zu häufig zu unterbrechen.

2.4.7. Videokonferenzen

Während bei Live-Vorlesungen mehrere Teilnehmer per Audio und Video dem Vortrag eines Dozenten folgen, stellen Videokonferenzsysteme eine Möglichkeit dar, individuellen Kontakt zwischen wenigen Personen herzustellen. Diese Variante der Audiovisuellen Kommunikation wird vor allem beim Teletutoring verwendet, um bei Bedarf individuelle Fragestunden beim betreuenden Tutor zu ermöglichen.

Die Teilnehmeranzahl ist bei vielen proprietären Videokonferenzsystemen auf zwei beschränkt[14], und die Bildqualität ist meist nicht geeignet, um Details zu übertragen. Einige Videokonferenzsysteme bieten neben der bidirektionalen Bild- und Tonübertragung zusätzlich ein Whiteboard (siehe Punkt 2.3.8.) sowie Chat und Datentransfer an. Somit können parallel zu dem Gespräch Dateien und Aufzeichnungen ausgetauscht, und wichtige Stichpunkte in Textform festgehalten werden. Videokonferenzen sind entweder mittels Bildtelefonen oder entsprechender Hard- und Software für den PC möglich, wobei letztere Variante einen breiteren Funktionsumfang bietet und sich daher besser für das Teleteaching eignet.

2.4.8. Digital lecture boards, Whiteboards

Digital lecture boards, auch Whiteboards genannt, übernehmen die Aufgabe, die Tafeln und Overhead-Projektoren in Hörsälen erfüllen. Sie stellen allen Teilnehmern eine gemeinsame Oberfläche zur Verfügung, die von allen Berechtigten benutzt werden kann, um Sachverhalte zu verdeutlichen oder wichtige Stichpunkte festzuhalten. Der Inhalt des Whiteboards beschränkt sich auf Text und Bild, weswegen das Tool zur eigenständigen Wissensübermittlung ungeeignet ist. Es wird vielmehr als Ergänzung zu Vorlesungen, Videokonferenzen oder Seminaren verwendet, um das Pendant der Tafelanschriebe oder Folieninhalte zu übermitteln. Whiteboards werden überwiegend bei synchronen Veranstaltungen verwendet, und die Inhalte sind nachhaltig nicht mehr verfügbar.

---

[14] Vgl. http://bzvd.urz.tu-dresden.de/mmrz/mmrz.pdf

3. Grundlagen / Technik

In diesem Kapitel sollen die Netzwerktechnik und die technischen Vorausset-
zungen, die für das Teleteaching nötig sind, aufgezeigt und erklärt werden.
Dabei wird sowohl die Anbieter-, als auch die Nutzerseite betrachtet und ein
Überblick über die benötigte Hard- und Software gegeben.

3.1. Das ISO/OSI Modell

Die International Standardisation Organisation (ISO) entwickelte 1983 das
Open System Interconnection Model (OSI-Modell), um die komplexe Aufgabe
der Datenübermittlung über Netzwerke in kleinere, übersichtliche Teilaufgaben zu zerlegen. Damit sollte gewährleistet werden, daß ein besseres Prob-
lemverständnis erreicht und eine bessere Optimierung von Einzelfunktionen
ermöglicht wird[15].
Das OSI-Modell zerlegt die komplette Kommunikation zwischen zwei Rechnern über ein Netzwerk in 7 Teilaufgaben, die nachfolgend erläutert werden.

Anwendung	7. Anwendungsschicht
Kommuni-kations-system	6. Darstellungsschicht
	5. Steuerungsschicht
	4. Transportschicht
	3. Vermittlungsschicht
	2. Sicherungsschicht
Netz	1. Übertragungsschicht

Abb. 3.1. Das ISO/OSI-Modell
Quelle: In Anlehnung an Nikolaus, 1999

---

[15] Vgl. Nikolaus, 1999

1) Die erste Schicht des Modells ist die Übertragungsschicht, welche für die Art und Weise zuständig ist, wie die einzelnen Bits der Daten gesendet und empfangen werden. Hier werden die Eigenschaften des Übertragungsmediums und der Netzwerkschnittstelle festgelegt.

2) Die Sicherungsschicht beinhaltet Prozeduren zum fehlerfreien Transport der Daten, erkennt Fehler, beispielsweise das Fehlen eines verlorenen Datenpakets, und behebt diese.

3) Die Vermittlungsschicht ist dafür zuständig, daß die Daten an den richtigen Empfänger geleitet werden. Dies geschieht durch ein Lesen der Zieladresse und eine Weiterleitung der Daten an die Nächste Vermittlungsstelle des Netzwerks.

4) Die Transportschicht sorgt für die Zuverlässige Zustellung der Daten zum Empfänger durch die Auswahl eines geeigneten Netzes. Diese Schicht kompensiert die mangelnde Zuverlässigkeit der unteren Schichten und kann aus mehreren zur Verfügung stehenden Netzen ein zuverlässiges auszuwählen.

5) Die Steuerungsschicht fügt Steuermechanismen hinzu und organisiert den Datentransfer zwischen Sender und Empfänger durch Einleitung, Aufrechterhaltung, Synchronisation und Leitung eines Dialogs zwischen zwei Anwendungen, die auf zwei Rechnern laufen. Sind größere Datenmengen als ganzes zu übermitteln, übernimmt diese Schicht die Aufgabe den fehlerfreien Transport durch Synchronisationsmechanismen zwischen dem Anfang und dem Ende einer Sitzung zu organisieren.

6) Die Darstellungsschicht wandelt die Bits nach dem Empfang in ein einheitliches Format um, welches von allen Anwendungen und Rechnern gelesen werden kann.

7) Die Anwendungsschicht leitet die Datenübertragung zwischen zwei Computeranwendungen und bestimmt die Kommunikationsschnittstelle. Diese Schicht ist für den kommunikationsbezogenen Teil der Anwendung zuständig, hinter der fast immer der Mensch steht.

3.2. Die Übertragungsprotokolle

Um Daten über das Internet zu übertragen, müssen auf den angeschlossenen Rechnern Protokolle verfügbar sein, um den Datenaustausch zu ermöglichen. Diese Protokolle sind in den Schichten 2 bis 6 im ISO/OSI-Modell angesiedelt. Protokolle können als Regeln verstanden werden, die die Computer zur Telekommunikation verwenden, wenn sie Daten senden und empfangen. Sie beschreiben die zulässige Reihenfolge der Nachrichten, die übermittelt werden und bestimmen die Reaktion der einzelnen Instanzen in einem
Netzwerk, wenn diese Daten erhalten[16].

3.2.1. Das Internet Protokoll (IP) und TCP

Die Kommunikation der durch das Internet verbundenden Rechner erfolgt
durch das Internet Protokoll (IP). Das IP ist in den Schichten 2 und 3 des
ISO/OSI-Modells angesiedelt. Dabei wird jedem an das Netz angeschlossene Computer eine weltweit einmalige Adresse zugeteilt, die den Rechner
eindeutig im Netzwerk identifiziert.

Die zu sendenden Dateien werden durch das „Transmission Control Protocol" (TCP) in kleinere Pakete aufgeteilt, die sowohl die Absender- als auch
die Zieladresse enthalten[17]. Diese Pakete werden zu einem Gateway[18] gesendet, der die Zieladresse liest und an weitere Knotenpunkte sendet, die in
seiner Nähe liegen. Dies geschieht so lange, bis ein Gateway erreicht ist, der
die Zieladresse einem Computer in seiner Netzwerkumgebung zugeteilt hat
und somit die Pakete an diesen übermittelt werden. Das TCP kann als die
Schichten 4 bis 6 des ISO/OSI-Modells vestanden werden[19].

Die Pakete werden alle als unabhängige Dateneinheiten behandelt und können, wenn nötig, unterschiedliche Wege durch das Internet nehmen, um von
einem Rechner zum anderen zu gelangen. Somit kann es auch vorkommen,
daß Pakete in einer anderer Reihenfolge ankommen als sie gesendet wurden. Um aus den Datenpaketen wieder die ursprüngliche Datei herzustellen,

---

[16] Vgl. Nikolaus, 1999
[17] Vgl. http://whatis.com/tcp.htm
[18] Netzwerkknoten, der als Zugang zu einem anderen Netzwerk dient.
[19] Vgl. Nikolaus, 1999

wird wiederum das TCP verwendet, das die numerierten Pakete am empfangenden Computer in der richtigen Reihenfolge wieder zur Ursprungsdatei zusammensetzt.

Das IP ermöglicht also keine tatsächliche Verbindung zwischen zwei Rechnern, sondern kann nur mit einzelnen, unabhängigen Dateneinheiten umgehen. Aus diesem Grund kann das TCP/IP nicht zu Echtzeitverbindungen, wie sie beispielsweise bei einer Televorlesung nötig wäre, verwendet werden. Auch bei bandbreitenintensiven Übertragungen, wie sie bei aufgezeichneten Vorlesungen vorliegen, würden die Datenleitungen schnell überlastet werden, da die Datenpakete oft mehrere Wege durch das Internet gleichzeitig nehmen würden und die übertragene Datenmenge dadurch vervielfacht werden würde. Aus diesem Grund wurden das Multicast-Protokoll und das „Real Time-Transport Protocol" (RTP) entwickelt.

3.2.2. Das Multicast Backbone- (MBone-) Protokoll

Um eine bandbreitenintensive Verbindung zwischen mehreren Rechnern herzustellen, wurde das sogenannte Multicast Backbone-Protokoll (MBone-Protokoll) entworfen, das auf dem IP aufsetzt.

Während das TCP die Datenpakete so oft verschickt, wie sie angefordert wurden, werden bei dem Multicast-Protokoll die Daten erst an der Stelle repliziert, wo es zwingend erforderlich ist. Damit wird eine hohe Netzwerkbelastung durch die Mehrfachübertragung von identischen Daten vermieden. Dabei spielt das IP nach wie vor eine wichtige Rolle. Statt der einen IP-Zieladresse werden in den Datenpaketen sogenannte D-Class-Adressen eingefügt, die mehrere IP-Nummern beinhalten, welche von den Routern[20] ausgelesen werden, um gegebenenfalls eine Replizierung vorzunehmen und dann weiterzuleiten.

Dies soll an folgendem Beispiel veranschaulicht werden:

Eine Vorlesung wird in Freiburg gehalten und soll an die Universitäten Karlsruhe, Stuttgart, Mannheim, Ulm und Konstanz übertragen werden.

Abbildung 3.2. Zeigt die Mbone-Topologie der Gegend.

---

[20] Router: Knotenpunkt im Internet, der Datenpakete an andere Router oder an den Empfänger weiterleitet.

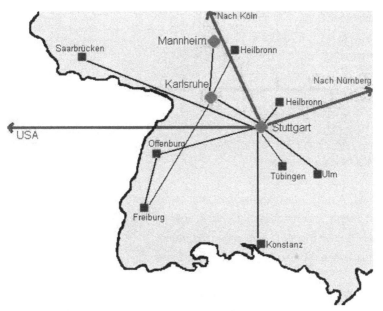

Abb. 3.2. Mbone-Topologie von Südwestdeutschland

Quelle: Eigene Darstellung

Die Datenpakete werden nach Karlsruhe gesendet, dort verdreifacht und nach Mannheim und Stuttgart versandt, sowie in das eigene Hochschulnetz gespeist. In Stuttgart werden die Pakete wiederum verdreifacht und nach Ulm und Konstanz verschickt.

Wäre kein Multicast-Protokoll verwendet worden (Unicast-Technik), hätte der Freiburger Rechner 5 mal dasselbe Paket nach Karlsruhe gesendet. Diese redundanten Informationen wurden durch die Multicast-Technik auf ein Fünftel reduziert. Analog wurde die Datenmenge, die von Karlsruhe nach Stuttgart verschickt wurde gedrittelt.

Die Knotenpunkte übernehmen in diesem Protokoll die Verantwortung, die Daten gegebenenfalls an einem Punkt zu replizieren, anstatt sie ohne Prüfung weiterzuleiten.

Um den Unterschied zwischen Multicast, Unicast und Broadcast zu erklären, soll folgendes Schaubild helfen[21]:

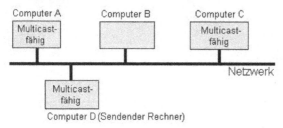

Abb. 3.3. Schaubild Multicast

Multicast: A und C empfangen die Daten, wenn beide zum Empfang aufgefordert haben, ansonsten ist auch nur A oder nur C möglich.

Unicast: A oder B oder C empfangen die Daten

Broadcast: A und B und C empfangen die Daten

Zum Empfangen von Video und Audio über das Mbone ist in der Regel ein leistungsstarker PC ausreichend, der Zugang zum MBone hat. Zum Aufzeichnen, zur Komprimierung der Bilder in Echtzeit und zum Senden reicht ein durchschnittlicher PC jedoch noch nicht aus. Hier sollte ein Leistungsstarker Rechner, wie eine SGI Indy, ein Apple der G-klasse oder eine Sun Workstation zum Einsatz kommen, um relativ ruckelfreie Bilder zu übermitteln.

Wichtige Voraussetzung für die Teilnahme an Mbone-Sessions ist die Multicast-Unterstützung der Router, an den der Rechner angeschlossen ist. Ist dies nicht der Fall, kann die Strecke zwischen dem empfangenden Rechner und dem nächstgelegenen multicast-fähigen Rechner getunnelt werden. Dies beschreibt eine Technik, die einen Datenstrom über einen virtuellen Tunnel über das Point-to-point tunneling protocol (PPTP) leitet. Dabei werden die Daten über einen festgelegten Weg über das Internet versandt, ähnlich wie beim Multicasting, mit der Einschränkung, daß die Daten nicht an bestimmten Gateways dupliziert werden können.

---

[21] Vgl. http://www.unige.ch/seinf/mbone.html

3.2.3. Das Real-time Transfer Protocol (RTP)

Zur Gewährleistung der Echtzeitübertragung wurde das Real-time Transfer Protocol (RTP) entwickelt, welches Daten über Multicast- oder Unicastnetze versendet. Das RTP besteht aus einem Datenteil und einem Kontrollteil, welches für die zeitlich abgestimmte Versendung notwendig ist. Dieses RTP Control Protocol (RTCP) übernimmt die Verantwortung für die Qualität der Übertragung und übermittelt Daten über die Teilnehmer einer laufenden Sitzung.[22] RTP ist einer der Standards, der sich für die Übermittlung von Audio und Video über das Internet, wie es beispielsweise bei Online-Vorlesungen der Fall ist, etabliert hat und wird von fast jeder kommerziellen Konferenzsoftware zusammen mit IP-Multicasting unterstützt. Trotz seines Namens kann das RTP keine Garantie für eine Echtzeitzustellung der Daten übernehmen, so lange die unteren Schichten des ISO/OSI-Modells keine Kontrolle über die Netzwerkkapazitäten haben. Die Vorteile liegen jedoch darin, daß das RTP Funktionen beinhaltet, die für das Synchronisieren von Datenströmen mit Zeitinformationen zuständig sind.

3.3. Die M-Bone-Tools

Um an Mbone-Sessions teilzunehmen, benötigen alle Teilnehmer bestimmte Software für die diversen Komponenten einer Übertragung. Da eine Komplettlösung noch nicht existiert, müssen mehrere Tools wie in einem Baukastensystem kombiniert werden, über die im Folgenden ein Überblick gegeben werden soll. Eine vollständige Liste aller Mbone-Tools befindet sich im Anhang dieser Arbeit

3.3.1. Audio

Das derzeit beliebteste Tool zur Audioübertragung ist „vat" und seine Weiterentwicklung „mash-vat". Beide verwenden das in Kap. 3.1.3. beschriebene RTP, um einen zuverlässigen Datentransfer zu gewährleisten. Es zeichnet sich durch seine leichte Bedienbarkeit aus, ist aber unter Windows nicht

---

[22] Vgl. http://blitzen.canberra.edu.au/RFC/rfc/rfc1889.html

vollduplex-fähig[23]. Das Programm ist für nahezu jedes Betriebssystem zu haben und ist frei erhältlich. Als Alternative zu vat kann das Robust Audio Tool „rat" verwendet werden, das zu ersterem kompatibel ist und zusätzlich die Möglichkeit bietet, ein redundantes Audiosignal zu benutzen. Dadurch kann bei etwas schwächeren Verbindungen bessere Verständlichkeit gewährleistet werden.

Die qualitativ beste Übertragung ist mit dem Tool „fphone" zu erreichen, das ebenfalls zu vat und rat kompatibel ist. Es ermöglicht bis zu 48 kHz mit 16 Bit, was CD-Qualität entspricht (vat und rat verwenden 8 kHz und 8 Bit, was lediglich Telefonqualität ermöglicht).

3.3.2. Video

Zur Videoübertragung im Mbone kommt fast ausschließlich das Tool „vic" und seine Derivate „mash-vic" und „shrimp-vic" zum Einsatz. Die verschiedenen vic-Versionen verwenden, wie das Audiotool vat, das in Kap. 3.1.3. beschriebene RTP zur Datenübertragung. Sie sind für alle Betriebssysteme verfügbar und erfreuen sich einer breiten Hardwareunterstützung. Als eine Alternative wird zur Zeit das Tool „Rendez Vous" gehandelt, was Video- und Audioübertragung in einem Programm kombiniert. Die noch mangelnde Unterstützung von Betriebssystemen und Hardware wird zunehmend aufgehoben, und das Tool kann wegen der festen Anordnung der Elemente für Erstnutzer vorteilhaft sein. Ein weiteres Videotool ist das Network Video Tool „nv", das allerdings nicht in einer Windows-Version vorliegt.

3.3.3. Whiteboard

Das mit am weitesten verbreitete Tool ist „wb", welches seit Anfang 1996 jedoch nicht mehr weiterentwickelt wird. In wb können vorgefertigte Postscript-Dateien geladen, oder per Hand Texte oder frei gezeichnete Elemente eingefügt werden. Um die Übersichtlichkeit zu behalten, können beliebig viele Seiten erstellt werden, die auf jedem teilnehmenden Rechner unabhängig

---

[23] Voll duplex: Ermöglicht gleichzeitig bidirektionale Audioübertragung

voneinander durchgeblättert werden können. Zwei Derivate sind „shrimp-wbd", das speziell für Windows-Systeme angepaßt wurde, und „mash-mb", welches allerdings nicht zu wb kompatibel ist.

Ebenfalls nicht zu wb kompatibel, jedoch wegen seines großen Funktionsumfangs empfehlenswert, ist das Tool „dlb", das von dem Lehrstuhl für praktische Informatik der Universität Mannheim entwickelt wurde[24]. Zu den Funktionen zählen Telepointer, abschaltbare Synchronisation und Layersteuerung, durch die Elemente wie Text, Bild oder andere geometrische Objekte sich in den Vordergrund stellen lassen. Zwei weitere nennenswerte Tools sind „mDesk" und das zu wb kompatible „wbd", die aufgrund ganz fehlender beziehungsweise fehlerhafter Importfunktionen jedoch die Verwendung einschränken und daher in vielen Fällen nicht sinnvoll einsetzbar sind.

Ähnlich den Whiteboards, allerdings nur auf Text beschränkt, ist der Network Text Editor „nte", in dem Textblöcke von allen Teilnehmern gemeinsam editiert werden können.

Zu Meinungsumfragen oder Kontrollfragen kann das Tool mpoll eingesetzt werden, bei dem jeder Teilnehmer zu einem Thema eine Frage mit einer Anzahl von möglichen Antworten stellen kann. Die Antworten werden zur Auswertung in einem Diagramm grafisch dargestellt.

3.3.4. Session Announcement

Um Mbone-Sessions im Internet anzukündigen, werden sogenannte Session Announcement Tools verwendet, über die die Mbone-Sitzung auch konfiguriert werden können. In den Ankündigungen enthalten sind Titel, Zeiten, IP-Adressen und weitere wichtige Daten der übertragenden Rechner.

Das sehr bekannte und mit am weitesten verbreitete ist „sdr", das für alle Betriebssysteme verfügbar ist. Sdr verwendet das Session Directory Anouncement Protocol (SDAP), welches periodisch ein „Ankündigungspaket", auch Session Description Protocol (SDP) genannt, einer bestimmten Sitzung von einer bekannten Multicast-IP-Adresse übermittelt. Um die Ankündigungen zu empfangen, wird diese Adresse abgefragt und die SDP-Pakete werden de-

---

[24] Vgl. Geyer, Effelsberg: Tools for digital lecturing – What we have and what we need

kodiert, um die darin enthaltenen Informationen darstellen zu können. Mit dem Tool können die benötigten Anwendungen für die Teilnahme an der Session mit den erforderlichen Parametern auch gestartet werden, was den Teilnehmern viel Arbeit mit der Konfiguration abnimmt.

3.3.5. Aufnahme-Tools

Um Vorlesungen für den LoD-Dienst aufzuzeichnen, werden Programme zum Aufnehmen und komprimieren der diversen Teleteaching-Module benötigt. Das Tool „wrtp" zeichnet in der jetzigen Version nur Audio- und Videodaten auf, kann also beispielsweise nicht das Whiteboard miterfassen. Dafür wurde ein Zeitindex eingebaut, der ein Vor- und Zurückspulen ermöglicht. Das Tool „vcr" und seine Weiterentwicklung „MVoD" von der Universität Mannheim, zeichnet ganze Mbone-Sitzungen auf und spielt sie durch ein Java-applet[25] im Browser oder mittels einer eigenständigen Anwendung wieder ab.

Das Toolset Authoring On the Fly (AOF) wurde vom Lehrstuhl für Informatik von Prof. Dr. Ottmann in Freiburg entwickelt, um MBone-Sessions aufzuzeichnen und als Lecture on Demand[26] anzubieten. Die AOF-Aufnahme- und Wiedergabeumgebung nimmt die durch die Session erzeugten Datenströme, etwa Animationen, Simulationen, Aktionen auf dem Whiteboard oder Audio und Video, auf Objektebene auf und wandelt sie in direkt zugreifbare Objektlisten um. Danach werden die Daten automatisch in ein offline nutzbares Dokument konvertiert, welches nachträglich bearbeitet werden kann[27]. Somit wird ein synchrones Abspielen beliebig vieler Datenströme möglich, und ein Anhalten oder Vorpulen der Session wird jederzeit gewährleistet. Die aufgenommenen Sessions können sowohl offline von der eigenen Festplatte angesehen, oder zur allgemeinen Verfügung in ein Netzwerk gestellt werden.

---

[25] Vgl. Kap. 3.5.4.
[26] Vgl. Kap. 3.5.6.
[27] Vgl. http:/ad.informatik.uni-freiburg.de/mmgroup.aof.about

Das Toolset enthält sowohl das Aufnahme-, als auch ein Bearbeitungstool, um die Vorlesung im Nachhinein bei Bedarf zu editieren und ein Abspielprogramm, dessen Aufgabe es ist, die entsprechenden Module zu starten und synchron zu verwalten. Vorteilhaft ist die mögliche Einbindung in HTML und die damit einhergehende einfache Benutzung über den Standardbrowser.

3.3.6. Tools für das Mulicast-Routing

Die Tools „mrouted" und „monstermash" werden für die richtige Weiterleitung der Datenpakete verwendet. Bei Nichtvorhandensein eines Mbone-Anschlusses, kann das Tool „mTunnel" verwendet werden, das einen Tunnel zwischen zwei Rechnern aufbaut[28] und die Sitzungsankündigungen von einem Mbone-Rechner zu einem weiteren Rechner ohne Mbone-Anschluß übermittelt. Nach Anforderung des letzteren werden die Sitzungen übertragen. Vorteilhaft ist das WWW-Interface, über das sich die Konfiguration im Browser vornehmen läßt.

3.4. Arten des Teleteaching mit Voraussetzungen

Neben dem Internetzugang sind folgende Voraussetzungen zu erfüllen:

Überblick:

Art der Teleteaching-maßnahme	Voraussetzungen auf der Anbieterseite	Voraussetzungen auf der Nutzerseite
Skripten	Webserver	Web-Browser mit entsprechenden Plug-ins[29] oder Postscript-Viewer
Newsgroup	Newsserver Newsfeed	Newsreader oder Web-Browser
Chat und IRC	Anschluß an Chat-Server	Chat-Programm oder Html-Browser mit Java-unterstützung

---

[28] Vgl. Kap 3.2.2.
[29] Zusatzprogramme, die dem Web-Browser ermöglichen unbekannte Formate darzustellen

Web-basierte Anwendungen	Webserver	Html-Browser mit entsprechenden Plug-ins.
Videokonferenz	ISDN, LAN[30] oder WAN[31] Webcam[32] Videokonferenzsoftware	ISDN, LAN oder WAN Webcam Videokonferenzsoftware
Video on Demand/ Lecture on Demand	LAN oder WAN mit Mbone-Protokoll (M-Bone-Netz)[33]	M-Bone-Netz
Vorlesungen mit oder ohne Interaktion	Mbone-Netz Webcam M-Bone-fähiger, leistungsstarker Rechner (Bspw. SGI)	Anbindung an das Mbone-Netz Webcam (für Interaktion)

Tab. 3.1. Übersicht Voraussetzungen der Teleteaching Bausteine

3.5. Beschreibung der Voraussetzungen der einzelnen Disziplinen

Im folgenden werden die oben genannten Arten der Wissensvermittlung beschrieben und die technischen Voraussetzungen erläutert.

3.5.1. Vorlesungsskripten

Vorlesungsskripten sind die einfachste Form des Teleteaching, da die Erstellung leicht, und die Speicherung auf einem Webserver unkompliziert ist. Am häufigsten sind sie als HTML-Dokumente zu finden, die problemlos über jeden Browser betrachtet werden können. Diese Skripten und Lehrmaterialien sind leicht durch WYSIWYG-Editoren[34] zu erstellen, und können Bilder und multimediale Elemente bei geringer Dateigröße enthalten. Einzige Voraus-

---

[30] LAN: Local Area Network
[31] WAN: Wide Area Network
[32] Videokamera zum Anschluß an den Rechner
[33] Siehe Kap. 3.2.2.
[34] WYSIWYG: What You See Is What You Get, beschreibt Editoren, die in einer grafischen Oberfläche Dokumente erstellen, ohne den reinen HTML-Quelltext zu zeigen.

setzung ist Speicherplatz auf einem Webserver um die Dokumente veröffent-
lichen zu können. Webserver sind an das Internet angeschlossene Rechner,
die mittels grafischer Oberfläche anderen Anwendern erlauben auf einen bestimmten Datenbestand zuzugreifen.

Auf Grund seiner weiten Verbreitung ist das Postscript-Format zu nennen,
welches eine plattformunabhängige reine Seitenbeschreibungssprache ist
und bei dem der Text und das Layout der Seiten nicht ohne weiteres verändert werden können. Damit wird gewährleistet, daß das Dokument auf allen
Plattformen und installierten Druckern identisch aussieht und keine bestimmten Schriftarten oder Textverarbeitungsprogramme zum Lesen voraussetzt.
Der Anwender benötigt zum Einsehen dieser Dokument entweder einen
Postscript-fähigen Drucker, der die Datei direkt verarbeitet, oder einen
Postscript-Interpreter, der die Informationen liest und bei Bedarf an einen
beliebigen Drucker weitergibt.

Als weiteres beliebtes Format ist das pdf-Format als Quasi-Standard für
Skripten zu nennen, das mit dem Programm Adobe Acrobat oder seinen diversen Klonen hergestellt wird. Zum Betrachten und Drucken wird der kostenlose Acrobat Reader und sein Browser-plugin benötigt. Damit ist die leichte Zugänglichkeit wie bei HTML-Dokumenten gewährleistet. Vorteil dieses
Formates ist, daß, wenn vom Autor so eingestellt, Texte und enthaltene Bilder nur schwer verändert oder in andere Dokumente übernommen werden
können, was beim Urheberrecht bestimmter Dokumente Probleme vermeiden kann.

Der Nutzer braucht lediglich einen Internetzugang und einen HTML-Browser
mit entsprechenden Plugins, die frei verfügbar sind.

3.5.2. Newsgroups und Mailinglisten

Newsgroup sind elektronische „Schwarze Bretter" zu einem bestimmtes Thema, bestehend aus Beiträgen, die an einen zentralen Server gesendet werden und über das Usenet[35] weitergeleitet werden. Das Usenet verwendet
das Network News Transfer Protocol (NNTP) oder das ältere „Unix to Unix

---

[35] Vgl. http://whatis.com/usenet.htm

Copy Protocol" (UUCP) und ist in Hierarchien aufgeteilt, die nach Themen geordnet sind. So werden auf den Newsservern Gruppen angelegt, in denen zu den jeweiligen Themen diskutiert und Erfahrungen ausgetauscht werden können. Die Teilnahme an solchen Diskussionen wird durch einen Webgateway[36] oder einen Newsreader[37] ermöglicht, mit dem man die Adresse der Newsgroup, bestehend aus news:// und der Hierarchie der Gruppe, eingeben kann, um die Beiträge einzusehen oder eigene zu schreiben. Das Abonnieren solcher Newsgroups vereinfacht das Wiederaufsuchen der Gruppe um regelmäßig neue Beiträge zu lesen.

Um als Anbieter einen Newsserver zu betreiben, ist folgendes nötig:

• Hardware und Betriebssystem, in der Regel sollte es ein Unix Derivat sein
• Usenet Server Software, weit verbreitet ist beispielsweise der Newsserver INN, diverse Alternativen sind für die meisten Plattformen jedoch zu haben.
• Mindestens ein „Newsfeed", wenn nicht nur eigene Gruppen angeboten werden sollen. Ein Newsfeed ist ein meist unter Vertrag stehender Provider, der die allgemeinen Newsbeiträge zustellt. Dadurch werden fremde Gruppen auf dem eigenen Newsserver „gespiegelt" (mirroring). Dies geschieht meist über das NNTP, welches das TCP/IP verwendet um Daten zu übertragen. Alternativ kann das UUCP verwendet werden.
• Empfehlenswert ist eine relativ große Bandbreite und viel Festplattenspeicher, da NNTP unkomprimiert übermittelt und sich schnell große Datenmengen ansammeln.

Mailinglisten haben sich neben Newsgroups ebenfalls als nützliches Element beim Teleteaching entwickelt und dienen ebenfalls dem Informationsaustausch unter den Dozenten und Lernenden. Der wesentliche Unterschied zu Newsgroups ist die automatische Zusendung der Nachrichten an alle in einer Liste enthaltenen Empfänger per E-Mail. Während man in einer Newsgroup nur den Titel der Beiträge zu sehen bekommt und dann selbst entscheidet, ob der Beitrag notwendig ist, werden die E-Mails an die Empfänger in der

---

[36] Automatisch generierte HTML-Seite, die den Inhalt einer Newsgroup darstellt.
[37] Software, die Beiträge im Usenet sucht und zum Lesen herunterlädt

Mailingliste automatisch gesendet. Mailinglisten entstehen dadurch, daß sich Interessierte anmelden und damit entweder automatisch oder manuell in die Empfängerdatenbank übernommen werden. Ein Aspekt, der bei Mailinglisten von Bedeutung sein kann, ist, daß Außenstehende keine Möglichkeit haben, die Beiträge einzusehen, was vor allem bei kommerziellen Bildungsangeboten wünschenswert ist.

3.5.3. Chat, IRC

Chat, als Mittel zur Echtzeitkommunikation in Textform, ist im Internet meist als Unterhaltungsmedium zu finden. Die Verwendung beim Teleteaching wird meist vorlesungs- oder seminarbegleitend angeboten, um Diskussionen oder Fragestunden zwischen Dozenten und Studenten zu ermöglichen.

Chat gibt es in zwei Varianten, entweder als eigenständiges Programm, oder als Java-Applet[38].

Ein weit verbreitetes Chat-Programm ist der „Internet Relay Chat" (IRC), der auf dem IRC-Protocol basiert. Dieses text-basierte Protokoll verlangt lediglich ein Socket-Programm, das die Fähigkeit besitzt, sich mit einem Server zu verbinden. Das IRC-Protokoll setzt auf TCP auf, welches verwendet wird um die Daten zu übermitteln. Alternativ kann auch das Multicast IP verwendet werden, welches aber nicht die Kommunikation zwischen nicht-multicastfähigen Rechnern ermöglicht.

Realisiert wird IRC durch ein weltumspannendes Netzwerk von IRC-Servern, die alle miteinander verbunden sind und die Nachrichten über den kürzesten Weg zum Empfänger bringen. Dabei bilden die Server das Backbone des Netzwerks, wobei jeder Server Schnittstellen für die Clients und zu weiteren Servern besitzt. Die Architektur und die Übertragungsweise soll an folgendem einfachen Beispiel veranschaulicht werden:

---

[38] Vgl. Kap. 3.5.4.

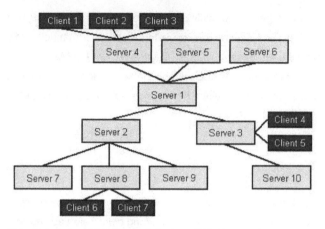

Abb. 3.4. Schaubild eines einfachen IRC-Netzwerks
Quelle: Eigene Darstellung

Soll eine Nachricht von Client 1 zu Client 2 übertragen werden, leitet Server 4 die Nachricht nur zum Empfänger und nicht zu weiteren Servern. Soll Client 5 der Empfänger sein, wird die Nachricht nur über die Server 4, 1 und 3 geleitet, alle anderen Server bekommen das Signal nicht gesendet.

Um Gruppendiskussionen zu ermöglichen, ist auch das Versenden von Nachrichten zu mehreren Empfängern vorgesehen, welche als Gruppen (auch Channels oder Chaträume) definiert werden. Die Existenz der Gruppen ist dynamisch, die Gruppe wird also ständig durch das An- und Abmelden von Benutzern an dem Channel verändert. Die Art der Übertragung bleibt jedoch wie im Fall der oben beschriebenen Zweierkonferenz gleich, was dem Prinzip des Multicasting[39] entspricht. Das Erstellen von Channels ist jedem IRC-Nutzer möglich, so daß jedem freigestellt wird Gruppen zu bestimmten Themen und Interessensgebieten zu bilden.

Um Chatfunktionen in eine Webseite einzubinden, bietet sich ein Java-Chatsystem an. Die Funktionsweise solcher Systeme unterscheidet sich von dem oben genannten Programm, da es nicht über das IRC-Protokoll abgewickelt wird. Vielmehr wird eine Chat Server Software auf einem Internet-

---

[39] Vgl. Kap 3.2.2.

Server installiert, und das zugehörige kleine Applet wird in die HTML-Dokumente eingebunden.

Die Serversoftware koordiniert dabei die Kommunikation zwischen den Chat-Applets der einzelnen Benutzer. Dadurch kann kein weltumspannendes Netzwerk wie bei IRC entstehen, was aber für Teleteachingzwecke nicht zwingend erforderlich ist. Positiv bei der Java-Variante des Chat ist die plattformübergreifende Lauffähigkeit und der geringe Verbrauch von Systemressourcen.

3.5.4. Dynamische Web-basierte Anwendungen

Mit dynamischen, Web-basierten Anwendungen werden Sachverhalte in einer für das Fach angemessenen Form erläutert und ermöglichen Eingaben, Berechnungen oder Graphendarstellungen. Einige Programmiersprachen sind entwickelt worden, um die Einbindung in HTML-Dokumente und damit die Darstellung und Ausführung im Web-Browser zu ermöglichen.

Eine weit verbreitete Variante solcher Anwendungen sind Java-Applets, die in der, 1995 von SUN Microsystems entwickelten, Programmiersprache „Java" geschrieben werden. Java ist eine plattformübergreifende Programmiersprache für verteilte Applikationen, sprich die Programme bestehen aus mehreren Teilen, die sich auch auf verschiedenen Rechnern befinden können. Der benötigte Bytecode[40] wird von beliebig definierbaren Servern auf den Rechner des Anwenders geladen und dort durch die „Virtual Machine" (VM) ausgefürt.

Somit ist weder für den Anbieter, noch für den Anwender neben einer VM, die in heutigen WWW-Browsern integriert ist, weitere Software nötig. Die notwendigen Parameter und die URLs[41] der Java-Applets werden in dem HTML-Code integriert und wie das Dokument selbst über das TCP/IP übertragen. Java-Applets werden in einer sog. „Sandbox" ausgeführt und erlauben den Applets keinen Zugriff auf die Daten oder die Hardware des Rechners. Dadurch wird eine relativ hohe Sicherheit gewährleistet.

---

[40] Das Ergebnis des kompilierten Java-Sourcecodes
[41] URL: Uniform Resource Locator, WWW-Adresse der Daten, die letztere im Internet aufspürbar macht

Eine weitere Möglichkeit um Interaktion zwischen dem Nutzer und einer Anwendung über das WWW zu erreichen, bietet sich mittels „Virtual Reality Modeling Language" (VRML). VRML ist eine Sprache zur Beschreibung von virtuellen 3D Sequenzen und gestattet dem Nutzer mit der dargestellten Umgebung zu interagieren. So ist ein Drehen, Bewegen oder Skalieren von Objekten möglich, beispielsweise um komplexe Gebilde, wie mechanische Bauteile, zu erläutern. Zum Betrachten solcher Anwendungen ist nur ein VRML-Viewer, bzw. ein Browser-Plugin nötig, da die Übertragung der Daten ebenfalls vom TCP/IP übernommen wird.

Um Multimedia-Elemente im WWW zu arrangieren, wurde die „Synchronized Multimedia Integration Language" (SMIL, gesprochen wie das Englische „smile") entwickelt. Mit ihr können, im Gegensatz zur reinen Einbettung in HTML-Dokumente, verschiedene multimediale Elemente zeitlich aufeinander abgestimmt werden und zur Interaktion auffordern. Da die Sprache, ähnlich wie bei HTML, auf Befehle im Textformat basieren, ist die Erstellung einfach und benötigt lediglich drei XML[42]-Elemente. Das W3-Consortium plant, daß SMIL-Dokumente zukünftig von jedem Browser gelesen werden kann, der HTML lesen kann.

ActiveX heißt die Antwort von Microsoft auf die Java-Entwicklung des Konkurrenten SUN und entwickelt sich zu einem weiteren Quasi-Internet-Standard. ActiveX ist eine, wie Java, objektorientierte Technologie, jedoch keine eigene Programmiersprache. Mit Hilfe von diversen Programmiersprachen, wie C++ oder Visual Basic, werden ActiveX-Controls geschaffen (grob vergleichbar mit Java-applets), die in HTML-Dokumente eingebettet und im Rechner des Betrachters ausgeführt werden. Ein Vorteil der ActiveX-Komponenten ist die Wiederverwendbarkeit in anderen Applikationen, die ActiveX unterstützen. Der wesentliche Nachteil von ActiveX ist die fehlende Sicherheit des Systems, da es die automatische Ausführung von fremden Programmen auf dem Rechner des Anwenders ohne Abfrage erlaubt, was auch bösartige Software, wie Datenspionagesoftware oder Viren, einschließt. Voraussetzung für die Nutzung dieser Komponenten ist der Microsoft Internet Explorer, der momentan in einer Windows- und einer Macintosh-Version vor-

---

[42] XML: Extensible Markup Language, Erweiterung der HTML, Vgl. http://www.w3.org/xml

liegt, Unix Benutzer sollen in nächster Zeit laut Microsoft ebenfalls unterstützt werden.

Ein weiterer leistungsstarker Quasi-Standard ist „Flash" von Macromedia, welches ein Browser-plugin zum Anzeigen der Flash-Elemente benötigt. Damit ist ein Aufruf des Flash-Anwendungen aus einem HTML-Dokument möglich. Die Elemente werden im Flash-Player-Format als swf-Dateien mit der HTML-Seite zusammen auf einem Webserver abgelegt und von dem Browser-Plugin ausgeführt. Interaktion innerhalb der Elemente ist ebenso möglich, wie die Erstellung von reinen Film- oder Bildsequenzen, wahlweise mit oder ohne Audio.

3.5.5. Videokonferenzen

Unter dieser Überschrift sollen Systeme beleuchtet werden, die, ungleich den in Kap. 3.2.2. beschriebenen, sowohl das bewegte Bild, als auch den Ton ohne Nutzung des MBone übermitteln. Diese Systeme sind oft hinsichtlich der Leistungsfähigkeit schwächer, da die Auflösung der Videobilder gering gehalten wird, um auch niedrige Bandbreiten zu unterstützen.

Die Verbindung kann wahlweise über ISDN-Telefonleitungen oder über Netzwerke hergestellt werden, wobei die ISDN-Lösung Einschränkungen auf die zu übertragene Datenmenge mit sich bringt. Diese Variante benötigt das Internet als Trägermedium nicht, vielmehr wird die Verbindung direkt über das ISDN Protokoll hergestellt.

Für Videokonferenzen wird ein Multimedia-PC, eine Webcam und eine Videokonferenzsoftware benötigt, alternativ können auch Bildtelefone verwendet werden, die jedoch einen eingeschränkten Funktionsumfang haben.

Da die meisten Softwaresysteme kommerzieller Art sind, ist der Quellcode der Software meist nicht zugänglich, was eine Anpassung der Programme auf individuelle Bedürfnisse einschränkt. Gerade die meist fehlende Gruppenfähigkeit kann in manchen Fällen nur durch den Einsatz von teuren Multicontrol-Units (MCU) umgangen werden[43]. Die Mehrzahl dieser kommerziellen Produkte sind nur für Windows verfügbar.

---

[43] Vgl. http://bzvd.urz.tu-dresden.de/mmrz/mmrz.pdf

Aufgrund seiner häufigen Auslieferung mit Hardwareprodukten (Bundles), wie Webcams, hat sich Microsoft Netmeeting weit verbreitet, das auch in der neusten Version 3.01 Gruppenfähigkeiten nur über MCU zuläßt, dafür aber ein Chat-tool, Whiteboard und Datentransfer neben der eigentlichen Video-konferenz zuläßt. Netmeeting baut Verbindungen zu einer festlegbaren IP-Nummer entweder per Internet oder über ein lokales Netzwerk auf.

Weit verbreitet ist auch das von der Cornell-University entwickelte Cu-SeeMe der Firma „White Pine", das Gruppenfähigkeit besitzt und für niedrige Band-breiten entwickelt wurde, wie sie typischerweise per ISDN oder Modemzu-gang auftreten. Integriert ist ebenfalls ein Chat-tool und ein Whiteboard. Eine kostenlose Version ist frei verfügbar, mit der Einschränkung, daß diese nur Schwarz-Weiß-Bilder senden kann.

Diese Systeme können traditionelle Fragestunden bei Tutoren oder Dozen-ten weitgehend ersetzen, was gerade bei räumlich verteilten Vorlesungen oder beim Teletutoring von Bedeutung ist. In einem Fall werden sogar kom-plette Kurse über Videokonferenzen abgehalten, was in Kapitel 5.8. be-schrieben wird.

3.5.6. Lecture on Demand (LoD)

„Lecture on Demand" heißt übersetzt „Vorlesung auf Abruf", welches den Sinn dieser Angebote weitgehend umschreibt. Oberstes Ziel ist die Zeit- und Ortsunabhängigkeit des Konsums der Lehrveranstaltungen. LoDs können entweder eine gehörte Vorlesung zum Zweck der Nacharbeitung anbieten, oder neue Lehrinhalte, wie eine herkömmliche Veranstaltung, vermitteln. Da-zu werden traditionelle Vorlesungen aufgezeichnet und digital gespeichert. In den meisten Fällen findet eine Aufbereitung der Daten im Nachhinein statt, die überflüssige oder fehlerhafte Passagen aus der Veranstaltung heraus-nehmen. Im Anschluß wird das Datenmaterial, das neben den Audio- und Videodaten auch Folien, Animationen und elektronischen Übungsaufgaben enthalten kann, in eine für den Hörer einfach abzurufende Form gebracht und über das Internet zum Abruf angeboten.

Die Art des Empfangs kann unterschiedliche Formen haben. Die Einbindung der Vorlesung in HTML-Dokumente ist vorteilhaft, da somit neben dem Web-browser keine zusätzliche Software für den Hörer notwendig ist. Die Einbindung kann über Java-Applets realisiert werden, welche die Aufgabe übernehmen, das Audio- und Videomaterial, sowie die zugehörigen Folien zeitsynchron abzuspielen.

Ein Referenzsystem für diese Form des Teleteaching ist das Lecture-on-demand-System des Lehrstuhls für Wirtschaftsinformatik II an der Universität Erlangen-Nürnberg, welches in Kapitel 5.7. näher beschrieben wird.

3.5.7. Live-Vorlesung

Die „Königsdisziplin" unter den Teleteachingvarianten sind Live-Vorlesungen, die entweder mit oder ohne Interaktion erfolgen können. Essentiell wichtig dabei ist die Anbindung an ein MBone-Netz und eine hohe zur Verfügung stehende Bandbreite, da die Datenmenge groß und die zeitliche Relevanz der übertragenen Daten hoch ist. Für Live-Vorlesungen werden mehrere Tools benötigt, die in Kapitel 3.2. aufgezeigt sind. Eine häufige Konstellation sind ein Video-Tool, ein Audiotool und ein Whiteboard, die zusammen alle nötigen Informationen an die Empfänger übermitteln können. Der sendende Rechner nimmt mit einer Videokamera und Mikrofon die Daten auf, komprimiert sie in Echtzeit und sendet sie im gleichen Moment als streaming media[44] über ein „Live-feed" in das MBone-Netz. Streaming media bezeichnet eine Technologie, die es erlaubt die komprimierten Video- und Audiosignale während dem Empfang abzuspielen, ohne warten zu müssen, bis die Daten vollständig übertragen sind. Aus diesem Grund ist ein herkömmlicher PC zur Zeit nicht als Senderechner tauglich, da die zu bewältigenden Aufgaben ohne entsprechende MPEG-Encoder Hardware[45], wie sie beispielsweise in SGI Indys enthalten ist, nicht durchzuführen sind. Zum Empfangen ist hingegen ein leistungsstarker PC mit schneller Netzwerkanbindung durchaus tauglich,

---

[44] Vgl. http://whatis.com/streamvd.htm
[45] Hardware, die Videobilder komprimiert

da die Dekodierung der komprimierten Bilder wesentlich weniger Rechen-aufwand bedeutet, als der Komprimiervorgang selbst.

Soll die Vorlesung Interaktion ermöglichen, müssen alle Teilnehmer Zugriff auf eine SGI Indy, oder vergleichbar leistungsfähige Rechner, haben und ebenfalls Audio und Video in das MBone übertragen. Die Konfiguration der verteilten Rechner erweist sich teilweise noch als recht mühsam, da die Computer aufeinander abgestimmt werden müssen. Der Mikrofonpegel und die Lichtverhältnisse für die Videokamera erfordern eine genaue Einstellung, damit qualitativ brauchbare Ergebnisse bei den anderen Teilnehmern er-scheinen.

4. Vorgehen und Ablauf der Suche

Zur strukturierten Suche nach Teleteachingveranstaltungen im Internet, hat der Autor ein Vorgehensmodell entwickelt, dessen Aufbau und Umsetzung in diesem Kapitel beschrieben werden soll. Da das Internet aus vielen hundert Millionen Seiten besteht und sich stetig erweitert, besteht das größte Problem bei der Informationssuche darin, Relevantes von Irrelevantem zu trennen. Das Vorgehensmodell soll in folgendem Schaubild dargestellt und im Anschluß daran erläutert werden.

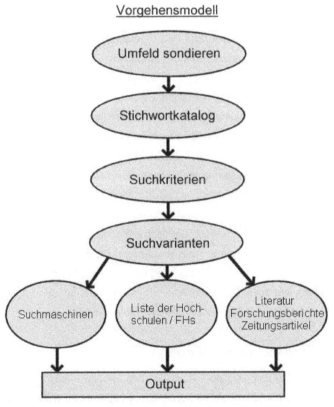

Abb. 4.1. Vorgehensmodell der Recherche

Quelle: Eigene Darstellung

4.1. Sondierung des Umfeldes

Um sich mit der Materie des Teleteaching vertraut zu machen, war es zunächst erforderlich, allgemeine Informationen zum Thema Teleteaching zu sammeln und sich in das Thema einzuarbeiten. Dazu hat der Autor zuerst über die Suchmaschine OPAC die Bestände der Hochschulbibliothek nach Literatur durchsucht, die sich mit dem Thema Teleteaching und Telelearning befaßt. Diese sollte dazu dienen, den Umfang des Begriffs „Teleteaching" herauszufinden, und welche Möglichkeiten das neue Lehrmedium bietet. Da die Literatur zu diesem Thema bis zu zehn Jahre zurückreicht, war auch eine Beobachtung der Entwicklung in diesem Bereich und die unterschiedlichen Auffassungen der Autoren zum Begriff Teleteaching gegeben.

Neben der allgemeinen Information und den unterschiedlichen Definitionen des Begriffs Teleteaching, ergab die Einarbeitung auch einen Überblick über die in Kapitel 2.2. beschriebenen Formen des Teleteaching und über die Module, die zu dessen Verwirklichung verwendet werden.

Neben der Suche in der Bibliothek hat der Autor im Internet nach Artikeln über das Teleteaching gesucht, um gezielt an Hochschulen und Bildungseinrichtungen der freien Wirtschaft nach Definitionen und Berichten über Teleteaching zu suchen. Dabei sollten vorerst allgemeine Artikel herangezogen werden, die zu einem ersten Überblick verhelfen sollten. Erste Erfahrungsberichte von Lehrstühlen mit bereits durchgeführten Televorlesungen, ergaben dabei einen ersten Überblick über die unterschiedlichen Mittel, die zu den gesuchten Veranstaltungen herangezogen wurden und deren Zweck.

Die Technische Umsetzung sollte in diesem ersten Arbeitsschritt noch keine Rolle spielen. Vielmehr sollte ein Stichwortkatalog entstehen, der alle Begriffe umfaßt, die in der Literatur für das Teleteaching relevant sind.

4.2. Erstellung eines Stichwortkatalogs

Um gezielt in den unzähligen Seiten des Internets die Hinweise, Ankündigungen und Berichte über Teleteaching zu finden, entstand ein Stichwortkatalog, dessen Begriffe vorzugsweise in Artikeln und Berichten zum Thema Teleteaching auftauchen. Dabei war ein wichtiges Kriterium, daß die Begriffe möglichst ausschließlich im Bereich des Teleteaching verwendet werden und nicht beispielsweise in Themen wie dem Internet selbst, da ansonsten eine unüberschaubare Menge an Informationen zustande käme, dessen Sortierung nur mit erheblichem Aufwand oder gar nicht möglich gewesen wäre. In der Phase der Umfeldsondierung hat der Autor häufig verwendete Begriffe vermerkt und anschließend geprüft, zu welchen Bereichen sie neben dem Teleteaching noch gehören. Dies war nötig, da einige Suchfunktionen eine Stichwortsuche anbieten, die es ermöglicht, bestimmte Informationen bei der Suche zu ignorieren.

Neben den einzelnen Stichwörtern entstand auch eine Liste an Begriffen, die nicht zwangsläufig dem Teleteaching zuzuordnen sind, in Kombination aber mit hoher Wahrscheinlichkeit auf eben solche Informationen hinweisen. Der Stichwortkatalog der einzelnen Begriffe setzt sich aus folgenden zusammen:

- „Teleteaching"
- „Televorlesung(en)"
- „Open Distance Learning"
- „Teletutoring"
- „Telematik"
- „Tele-Lecture"
- „Telelearning"
- „Virtuelle Universität"
- „Computer Based Training" (CBT)
- „Online-Lehrveranstaltungen"
- „Lecture on demand"

Folgende Stichworte sollten nur In Kombination miteinander bei der Suche verwendet werden, da sie einzeln überwiegend in den falschen Bereich geführt hätten:

- „Vorlesungen", „Online"
- „Vorlesungen", „via MBone"
- „Seminar", „MBone"
- „Vorlesung", „über das Internet"

4.3. Suchkriterien

Da schon in der Sondierung des Umfeldes klar wurde, daß sich die Begriffe Teleteaching und Telelearning nicht einheitlich definieren lassen, mußte der Autor Kriterien festlegen, was in der vorliegenden Arbeit als Teleteaching gehandelt werden soll. Während in manchen Artikeln schon das Vorhandensein einer vorlesungsbegleitenden Newsgroup oder die in Hypertext aufbereiteten Skripten als Teleteaching bezeichnet wurde, tauchte der Begriff in anderen Dokumenten erst mit der Erfüllung von mehreren Kriterien auf.

Um einen Rahmen zu schaffen, der die Suche eingrenzen sollte, mußte eine Abgrenzung vom Teleteaching zu der allgemeinen Wissensvermittlung und - aufnahme über Distanzen, wie sie beispielsweise bei der sporadischen Informationssuche im Internet oder dem Einsehen von Vorlesungsskripten gegeben sind, vorgenommen werden.

Das Lernen umschreibt laut Duden lediglich die Aneignung von Wissen oder Kenntnissen[46]. Nimmt man nun an, daß der Wissenserwerb allgemein als Lernen aufgefaßt wird, müßte jede Seite im gesamten Internet und jedes Buch dieser Welt als „Lerneinheit" bezeichnet werden. Analog wäre Lehren die reine Bereitstellung von Informationen und Wissen in Büchern oder Webseiten. Da „teaching", das deutsche „Lehren", aber die aktive Wissensvermittlung oder Unterweisung durch einen Lehrenden beschreibt, muß auch Teleteaching als Prozeß zwischen einem Wissensvermittelnden und einem - aufnehmenden bezeichnet werden. Somit fällt das bloße Bereitstellen von Informationen, zum Zweck der Selbstaneignung oder Nachbearbeitung vom Stoff, aus der vom Autor gewählten Definition des Teleteaching heraus. Zu diesen Selbstlernkursen gehören demnach auch in HTML aufgearbeitete Dokumente, Skripten zur Vor- und Nachbereitung von Vorlesungen.

Das reine Selbststudium ist zwar in vielen Fällen ausreichend, um bestimmtes Wissen zu erlangen, Kommunikation mit Mitstudenten oder Dozenten, beziehungsweise die direkte Ansprache einer bestimmten Zielgruppe hingegen sichert weitreichend ab, daß der zu vermittelnde Stoff verstanden und gefestigt wird[47].

---

[46] Vgl. Duden Deutsches Universal Wörterbuch
[47] Vgl. http://www.tu-chemnitz.de/home/iuk/iukbilanz.htm

Die Aufzeichnung von Vorlesungen zum späteren Abruf als LoD könnte somit auch als bloßes Bereitstellen von Informationen gesehen werden, und somit auch nicht als Teleteaching bezeichnet werden kann. Hier besteht allerdings der Unterschied, daß die Vorträge wiederum gezielt an die Studenten gerichtet sind, mit dem Ziel das Wissen an diese in geeigneter Form zu übermitteln, und durch die Aufzeichnung lediglich ihre zeitliche Bindung verlieren. Der Aspekt der Lehre bleibt dabei jedoch erhalten.

Es wurden aber auch Systeme entwickelt, die ohne tatsächliche Vorlesungen Lerninhalte an Studenten übermitteln. Diese werden in dieser Arbeit dann als Teleteaching bezeichnet, wenn sie an eine bestimmte Zielgruppe (meistens Studenten bestimmter Fakultäten) gerichtet sind, innerhalb des Systems den Stoff abdecken und mit allen nötigen Kommunikationsmedien versehen sind, die das Verständnis auch tatsächlich gewährleisten. Ein Buch stellt durch seine reine Existenz nicht sicher, daß der Inhalt verstanden wird, aber die Möglichkeit zur Nachfrage beim Autor sichert dies doch weitgehend ab. Somit ist der Zweck der Lehre, nämlich die tatsächliche Unterweisung eines Lernenden, erfüllt.

Die Interaktion und Kommunikation zwischen mehreren Menschen ist also nach dieser Definition wesentlicher Bestandteil des Teleteaching / Telelearning.

In den Fällen, in denen Lehrinhalte zusammen mit Kommunikationsmöglichkeiten angeboten werden, wird die Rechtfertigung das Angebot als Teleteaching zu bezeichnen dann gegeben, wenn die elektronischen Medien so eingesetzt werden, daß ein deutlicher Unterschied zu traditionellen Fernstudien besteht. Um dies zu festigen, wird für die Lerninhalte die Multimediadefinition von Steinmetz[48] herangezogen, da diese so formuliert ist, daß sie nur in elektronischen Medien existieren kann und dadurch der Unterschied zu traditionellen Fernstudien gesichert ist. Diese Definition besagt, daß mindestens ein kontinuierliches Medium (Video, Audio oder Animationen) und mindestens ein diskretes Medium (Bilder und Texte) zusammen eingesetzt werden.

---

[48] Vgl. Steinmetz, 1993

Somit fallen reine Lerntexte trotz begleitender Newsgroup oder Chat nicht unter diese Definition, Hypertextsysteme mit eingebundenen, zweckgerichteten Videos / Animationen, in Kombination mit tutorieller Begleitung über Kommunikationstools, hingegen schon.

Um dem Begriff „Tele" noch gerecht zu werden, muß gewährleistet sein, daß ein Großteil der Lehre und des Lernens über die elektronischen Medien abgewickelt wird. Eine sporadische Nutzung dieser Medien ist heute an vielen Lehrstühlen zum Standard geworden. Da aber dem Gedanken Rechnung getragen werden soll, daß die Lehre weitgehend ohne Präsenz an der Lehrenden Einrichtung möglich sein soll, ist die gelegentliche Nutzung der elektronischen Medien neben dem traditionellen Hochschulbetrieb nicht ausreichend, um im Rahmen dieser Arbeit als Teleteaching zu gelten.

Zusammenfassend können folgende Kriterien genannt werden, die ein Projekt oder eine Veranstaltung aufweisen muß, um im Rahmen dieser Arbeit als Teleteachingangebot zu gelten:

- Die Vermittlung von Wissen über räumliche Distanzen hinweg soll primäres Ziel der Veranstaltung oder des Projekts sein.
- Die Idee der eigentlichen Lehre soll berücksichtigt werden, sprich es soll eine zielgerichtete Unterweisung von bestimmten Personen stattfinden, die Möglichkeiten zur Interaktion und Kommunikation bietet.
- In den Fällen, wo eine Vorlesung nicht stattfindet, ist die Existenz von multimedialen Elementen in den Lerninhalten ein wichtiges Kriterium für die Bezeichnung als Teleteachingangebot.
- Der größte Teil der eigentlichen Wissensvermittlung soll über die elektronischen Medien erfolgen. Skripte oder ähnliche Materialien, sowie Newsgroups, die nur vorlesungsbegleitend angeboten werden, stellen noch kein Teleteaching an sich dar, sondern enthalten lediglich Ansätze dieser Lehrform.

Ausgehend von diesen Kriterien, sollen sowohl in der Vergangenheit liegende Veranstaltungen und Projekte, als auch für die Zukunft geplante, erfaßt und auf ihre Umsetzung hin untersucht werden.

4.4. Suchvarianten

Um anhand der festgelegten Suchbegriffe und Suchkriterien tatsächlich Tele-teachingangebote zu finden, wurden drei Varianten zum Aufspüren ausge-wählt, die im folgenden erläutert werden.

4.4.1. Internet-Suchmaschinen

Internet Suchmaschinen enthalten bis zu 50 Millionen registrierte Webseiten (Altavista) in ihren Verzeichnissen, die frei nach Stichworten oder ganzen Sätzen durchsucht werden können. Da es mehrere hundert Suchmaschinen im Internet gibt, mußten diejenigen ausgewählt werden, die voraussichtlich die meisten Ergebnisse liefern. Die Wahl fiel erstens auf Altavista[49], da die-ses Verzeichnis sehr umfassend ist und zu den größten Suchdatenbanken gehört. Zweitens wurde Hotbot[50] gewählt, da der Umfang ebenfalls sehr groß ist und der Autor gute persönliche Erfahrungen mit der Suche nach Inhalten in dieser Suchmaschine hat. Als dritter Suchdienst wurde Lycos[51] gewählt, der sich durch seine weite Verbreitung und seinen großen Datenbestand ei-nen Namen gemacht hat.

Weiteres wichtiges Kriterium für die Wahl dieser 3 Suchmaschinen war der hohe Beliebtheits- und Bekanntheitsgrad, der mit Hinblick auf die Anmeldung durch den Bereitsteller ausnehmend wichtig ist. Die Wahrscheinlichkeit, daß diese Anmeldung erfolgt, ist bei einem größeren Bekanntheitsgrad höher, als bei unbekannten oder wenig genutzten.

Als letzte Suchmöglichkeit wurde die deutsche Version des Webkataloges Yahoo[52] verwendet. Die hier angemeldeten Seiten werden manuell auf Inhalt und Qualität geprüft, bevor sie in das Verzeichnis aufgenommen werden. Das hat den Vorteil, daß die Suchergebnisse meist von hoher Qualität und Relevanz sind, haben dagegen aber den Nachteil, daß viele aktuelle Seiten noch nicht aufgenommen sind.

---

[49] http://www.altavista.com
[50] http://www.hotbot.com
[51] http://www.lycos.com
[52] http://www.yahoo.de

4.4.2. Metasuchmaschinen

Um einen Überblick über weitere Suchmaschinenergebnisse zu erhalten, wurde die Metasuchmaschine Metacrawler verwendet, um eventuelle Eintragungen in weiteren Verzeichnissen zu finden, die in den vier oben genannten nicht auftauchen. Metasuchmaschinen haben keinen eigenen Datenbestand, sondern durchsuchen parallel mehrere andere Maschinen, sortieren die Ergebnisse nach bestimmten Kriterien und stellen das Resultat auf einer Seite dar. Dabei werden doppelte Fundstellen im Idealfall herausgefiltert. Zur Ordnung der Ergebnisse gehen Metasuchmaschinen unterschiedlich vor. Manche übernehmen die Wertung der abgefragten Suchdienste, andere hingegen versuchen die gefundenen Links thematisch zu ordnen, was teilweise zu akzeptablen Ergebnissen führt. Erstere Variante benachteiligt hingegen Seiten, die nur in wenigen Verzeichnissen auftauchen. Dieses Vorgehen macht jedoch den Sinn der Metasuchmaschinen zunichte, da gerade die Seiten gefunden werden sollen, die nur in bestimmten, unbekannten Datenbanken auftauchen und aus dem Grund in der vorangegangenen Recherche bei einzelnen Suchmaschinen verborgen blieben.

4.4.3. Liste der Hochschulen / FHs

Unter http://www.geocities.com/Tokyo/5616/index_r.htm befindet sich eine Linksammlung aller deutschen Hochschulen und Forschungseinrichtungen. Die Webseiten der Einrichtungen werden alle aufgerufen und nach Hinweisen auf Teleteachingaktivitäten durchsucht. Dies erfolgte, je nach Angebot auf den Seiten, über eine Durchsuchung des Glossars nach den in Kap. 4.2. festgelegten Stichworten, oder durch Nutzung einer einrichtungsinternen Suchfunktion, sofern diese vorhanden ist. Im Rahmen dieser Diplomarbeit war es dem Autor nicht möglich, jede einzelne Fakultät der Institutionen systematisch nach Teleteachingaktivitäten zu durchsuchen.

Die Hochschulen, die während der Sondierung des Umfeldes durch Aktivitäten im Bereich Teleteaching aufgefallen waren, wurden hingegen näher untersucht und teilweise per E-Mail angeschrieben, falls die Durchsuchung der Seiten zu keinem Ergebnis führte.

4.4.4. Literaturdatenbanken, Forschungsberichte, Zeitungsartikel

Als dritte Suchvariante für Teleteaching an den Hochschulen sollen Forschungsberichte und Fachliteratur verschiedener Fakultäten und Zeitungen im Bereich des Teleteaching dienen. Dazu zählen auch Erfahrungsberichte von Lehrstühlen mit der Materie und Veröffentlichungen über Neuentwicklungen von Teleteachingsystemen. Die Suche nach diesen soll über Literaturdatenbanken wie das OPAC, Suchdiensten im Internet und über Literaturangaben erfolgen. Publikationen, die auf den Seiten der am Teleteaching beteiligten Lehrstühle aufgelistet sind, sollen nach Möglichkeit ebenfalls eingesehen werden, um Hinweise auf entsprechende Veranstaltungen zu erhalten.

4.5. Probleme bei der Suche

Das Internet ist die größte Informationsdatenbank der Welt.
Eine Studie im Monat April 1999 ergab geschätzte 320 Millionen Seiten[53] im Internet. Ende 1998 gab es gut 147 Millionen Internet-user, die Zahlen nehmen rapide zu.
Aufgrund der ungeheuren Vielfalt sind Informationen ohne strukturierte Dienste wie Suchmaschinen und Webkataloge nicht zu lokalisieren. Da aber die Suchmaschinen größtenteils von den Daten leben, die ihnen gegeben wurden, erscheinen bei den Suchergebnissen nur Seiten, die auch angemeldet wurden. Einige Suchmaschinen setzen zudem noch „Roboter" ein; Programme, die selbständig Internetseiten durchsuchen und die Ergebnisse in die Suchdatenbanken eintragen. Wo diese Roboter jedoch suchen, ist überwiegend dem Zufall überlassen, weswegen viele Seiten unbeachtet bleiben. Dabei stellte sich schnell heraus, daß gerade Universitäten nur einen kleinen Teil ihrer Seiten bei den Suchmaschinen anmelden und daher die Stichwortsuche zu wenigen Ergebnissen an den Hochschulen führte. Der überwiegen-

---

[53] Vgl. http://new-website.openmarket.com/intindex/98-05.htm

de Teil waren Dokumente, die sich mit dem Thema befaßten und nur manchmal Querverweise zu einzelnen Fakultäten aufzeigten.

Bei der Durchsuchung der Hochschulseiten war das Problem nicht anders. Viele tausend Seiten hätten pro Universität durchsucht werden müssen, was selbst ein mehrköpfiges Team Monate beschäftigt hätte. Auch die relative Seltenheit der Aktivitäten im Bereich des Teleteaching ließ eine stundenlange erfolglose Durchsuchung von Hochschulen zum „Motivationstöter" werden.

Zusätzlich kam bei der Suche erschwerend hinzu, daß Suchfunktionen im Internet und innerhalb der Hochschulseiten keine intelligente Suche ermöglichen. Jedes Dokument, in dem der gesuchte Begriff auftauchte, wurde als Treffer präsentiert. So wurden mehrseitige Dokumente näher betrachtet, in denen beispielsweise der Satz vorkam „während sich einige Universitäten mit dem Teleteaching befassen, soll hier auf die traditionelle Hochschullehre eingegangen werden....".

Unnütz wurden die Suchdienste bei dem Auffinden von Forschungsberichten, da hier vorwiegend Formate wie ps oder pdf eingesetzt werden, die von Suchmaschinen nicht durchsucht werden können. Die Hoffnung bestand hier auf einen Verweis zu diesen Dokumenten auf HTML-Seiten, der jedoch die unterschiedlichsten Namen haben konnte, wie „Meilenstein des Projekts X".

Auffällig waren bei der Auswertung der Suchergebnisse auch die unterschiedlichen Definitionen des Teleteaching. Wie schon erwähnt, wurde manchmal die alleinige Nutzung des Internet als Kommunikationsmedium für die Lehre schon als Bereich des Teleteaching verstanden. Besonders in Fachbereichen, die sich mit dem Internet gar nicht befassen, konnten die Stichworte zu solchen Ergebnissen führen.

5. Ergebnis der Suche / Gefundene Teleteachingangebote und -Systeme

Im Folgenden sollen die Teleteachingveranstaltungen näher beschrieben werden, die in den vergangenen Jahren über das Internet gehalten wurden, oder in Zukunft geplant sind. Dazu gehören vor allem Live-Übertragungen von Vorlesungen über das Internet und Lecture-On-Demand Angebote. Weiterhin werden Projekte im Bereich des Teleteaching beschrieben, die eine internetbasierte Lehrumgebung entwickeln.

Es sollen vor allem die Projekte und Veranstaltungen aufgezeigt werden, welche die vollen technischen Möglichkeiten ausnutzen, die das Internet und die Hochgeschwindigkeitsnetze heute bieten. Ziel dieser Beschreibung soll es sein nicht sein, einen vollständigen Katalog der Teleteachingaktivitäten im gesamten deutschen Hochschulraum zu erstellen. Das Ziel soll vielmehr sein, aufzuzeigen, was gegenwärtig im Bereich des Teleteaching möglich ist und welche Ziele von den Veranstaltern anvisiert werden.

5.1. Das Projekt Teleteaching an der Universität Mannheim und Heidelberg

Die Universitäten Mannheim und Heidelberg schlossen 1995 ein weitreichendes Kooperationsabkommen, um das Präsenzstudium durch die Veranstaltungen der jeweils anderen Universität zu erweitern. Dabei sollten insbesondere Physikvorlesungen von Heidelberg nach Mannheim und Informatikveranstaltungen von Mannheim nach Heidelberg übertragen werden.

Zur Erprobung einer RLR-Situation[54] wurden an beiden Universitäten je ein Hörsaal mit moderner Audio- und Videotechnik, sowie einer Multimedia-Workstation ausgestattet. Die Hardware in den Hörsälen setzt sich aus je zwei Videokameras, Mikrofonen und zwei Beamern zusammen. Somit soll gewährleistet werden, daß jeder Hörsaal sowohl den vortragenden Dozenten, als auch die Studierenden in dem anderen Hörsaal im Großbild sehen und hören kann. Dadurch sollen beide Hörsäle quasi zu einem virtuellen

---

[54] Vgl. Kap. 2.2.

Hörsaal verschmelzen. Von der übertragenden Seite werden fünf Datenströme übertragen, jeweils zwei für Video- und Audioübertragung des Dozenten und der Hörerschaft und einer für die Folienbilder des Whiteboards. Die Empfängerseite sendet zwei Datenströme für Video und Audio der Hörerschaft zurück.

Für die Netzverbindung war ein ATM[55]-Netz geplant, das zum Anfangszeitpunkt des Projekts jedoch noch nicht zwischen den Universitäten fertiggestellt war. Deswegen wurde zunächst das B-WIN des DFN[56]-Vereins verwendet, eine auch auf ATM basierende Technologie, allerdings unter Verwendung des TCP/IP zur Datenübermittlung. Damit war es von Anfang an möglich, ATM-Verbindungen mit garantierter Datenrate zu schalten, und damit eine Verschlechterung der Datenrate durch konkurrierenden Datenverkehr zu verhindern.[57]

Als Anwendungssoftware wurden die MBone-Tools vat für die Audioübertragung, vic für Videoübertragung und wb als Whiteboard verwendet. Letzteres wurde später durch das eigens in Mannheim entwickelte dlb ersetzt, welches wesentlich mehr Funktionen bietet und speziell an das Teleteaching-Szenario angepaßt wurde. Zusätzlich wurde im Laufe des Projekts die „Remote Control for Java Animations" entwickelt, welches es dem Vortragenden erlaubt, Java-Applets sowohl in den eigenen Rechner zu laden, als auch in die Rechner der weit entfernten Hörer. Die Applets können dann synchron auf allen beteiligten Rechnern ausgeführt werden. Dies stellte sich als nützliches Tool heraus, da keine vorgefertigten Animationen über das Netz übertragen werden mußten, sondern lediglich die Befehle, die auf den empfangenden Rechnern im Java-Applet ausgeführt wurden.

Als dritte Eigenentwicklung des Projekts ist das MBone-VCR zu nennen, welches das Aufzeichnen von ganzen MBone-Session ermöglicht, um diese als Lecture-On-Demand verfügbar zu machen. Sämtliche Multimedia-Ströme werden von den Tools mit Hilfe der Informationen des RTP synchronisiert und aufgezeichnet. Zum Abspielen sind für den Hörer neben dem VCR noch die in der Originalsession verwendeten Tools wie vat oder vic nötig.

---

[55] ATM: Asynchronous Transfer Mode, Vgl. http://whatis.com/atm.htm
[56] DFN: Deutsches Forschungsnetz
[57] Vgl. Geyer, Eckert, Effelsberg: Das Projekt Teleteaching Mannheim, Heidelberg

Seit Anfang des Projekts Teleteaching sind an den Universitäten Mannheim und Heidelberg folgende Vorlesungen gehalten worden:

- Die erste Erprobung der Netzwerke und Software erfolgte in einer Vorlesung über „Rechnernetze" im RLR-Szenario im Sommer 1996, die von Mannheim aus übertragen wurde und im Sommersemester 1997, sowie im Wintersemester 1998/99 wiederholt wurde.

- Erstmals im Wintersemester 1996/97 wurde die Vorlesung „Multimediatechnik" übertragen, die in den Sommersemestern 1998 und 99 erneut über das Netz gehalten wurden.

- Ebenfalls im Winter 1996/97 wurde die Televorlesung „Computersimulation" übertragen.

- Im Sommersemester 1997 wurde die Vorlesung „Informatik und Gesellschaft" in das Televorlesungsrepertoire aufgenommen und im Sommersemster 1999 wiederholt.

- 1998/99 nahmen die Universitäten Mannheim und Heidelberg zusätzlich an der VIROR Ringvorlesung teil, die im folgenden Kapitel näher erläutert wird.

5.2. Das Verbundprojekt VIROR

Die „Virtuelle Hochschule OberRhein" (VIROR) besteht aus einem Zusammenschluß der Universitäten Freiburg, Karlsruhe, Heidelberg und Mannheim, mit dem Ziel der gemeinsamen Nutzung verteilter Ressourcen zur Bereicherung des Lehr- und Studienangebots einzelner Hochschulen.[58] Somit sollen Studierende der Region Oberrhein künftig die Bildungsangebote von vier Hochschulen gleichzeitig nutzen. Dabei werden sowohl Vorlesungen an die entfernten Hochschulen live über das Internet übertragen, als auch LoD-Angebote bereitgestellt, die zeitunabhängig benutzt werden können.

Das Projekt VIROR hat seit seiner Entstehung Mitte 1998 folgende Vorlesungen und Seminare über das Netz abgehalten.

- Im ersten Semester wurden die Vorlesungen Rechnernetze aus dem in Kapitel 5.1.1. beschriebenen Projekt, sowie eine Vorlesung über di-

---

[58] http://www.viror.de

gitale Bildbearbeitung übertragen. Dazu kam noch ein Teleseminar
über Sicherheit und Kommunikationstechnik.

- Im Sommersemester 1999 wurden die Vorlesungen „Multimediatechnik" und „Informatik und Gesellschaft" aus Mannheim importiert und
ein Teleseminar zu „Distance learning" gehalten
- Für das kommende Wintersemester 1999/00 ist eine Vorlesung zu Al-
gorithmentheorie geplant, dazu zwei Teleseminare zu den Themen
„Rechnen im Netz" und „Multicast Kommunikation". Außerdem ist eine
Online-Übung zur „Entwicklung von Eltern-Kind-Beziehungen im Ju-
gendalter" und ein Praktikum zum Thema „Gestaltung und Evaluation
einer multimedialen Lernumgebung in Planung.

Neben den regulären, oben genannten Vorlesungen, findet jedes Semester
eine Interdisziplinäre Ringvorlesung statt, bei der die Vorträge von unterschiedlichen Dozenten der verschiedenen Hochschulen und der freien Wirtschaft gehalten werden. Die multimediale Aufbereitung von Inhalten und die
modernen Übertragungstechniken bilden gleichzeitig Vortragsinhalt und Vor-
tragsmedium der Veranstaltung. Für die Audioübertragung wurde wieder vat
verwendet, das Videosignal wurde mittels vic an die anderen Hochschulen
übermittelt. Zusätzlich kam das in Mannheim entwickelte dlb als Whiteboard
zum Einsatz, das sich schon im in Kapitel 5.1.1. beschriebenen Projekt bewährt hat. Zur Aufzeichnung mancher Vorlesungen wurden die AOF-Tools
verwendet[59].

Das Projekt VIROR bieten neben den Live-Vorlesungen und Online-
Seminaren auch LoD-Angebote an, die mit den AOF-Tools hergestellt wurden. So ist aus vielen Fachbereichen Wissen zeit- und ortsunabhängig kon-
sumierbar. Zur Ansicht der Veranstaltungen wird das Abspieltool *Syncview*
aus dem AOF-Toolset benötigt, welches für diverse Betriebssysteme kosten-
los verfügbar ist. Die in VIROR angebotenen LoD kommen aus den Bereichen Wirtschaftswissenschaften, Informatik, Medizin, Physik, Statistik, Astro-
nomie und Archäologie sowie einigen Vorträgen zu AOF und dem eigentlichen Teleteaching.

---

[59] Vgl. Kap. 3.3.5.

5.3. Das Projekt Teleteaching Dresden – Freiberg

Erstmals im Sommersemester 1996 fand zwischen den Hochschulen Dresden und Freiberg eine verteilte Übung zur Vorlesungseinheit „Rechnernetze" statt (nicht zu verwechseln mit der in Kap. 51.1. genannter Veranstaltungen) , die, teilweise von Dresden aus, teils von Freiberg aus, gesendet wurde[60]. Da die Universität Dresden zu dieser Zeit nur eine Netzanbindung von 2 Mbit/s hatte, wurde die Vorlesung selbst nicht an die andere Universität übertragen, da diese Bandbreite nicht ausreicht, um sowohl das Videobild, als auch die Audiodaten einer Vorlesung mit ausreichender Qualität in Echtzeit zu übermitteln. Vielmehr wurden die Lehrmaterialien für das WWW aufgearbeitet und einige ausgewählte Videosequenzen der Vorlesung in die Dokumente eingebunden. Damit konnte der Vorlesungsstoff an der Universität Freiberg mittels elektronisch gespeicherten Folien und den genannten Videomitschnitten in einem Hörsaal per Beamer an die Wand projiziert oder von den an das Hochschulnetz angeschlossenen Wohnheimen abgerufen werden.

Zur Erprobung der synchronen Datenübertragung wurde jedoch die Übung über das MBone übermittelt, wobei für die Videodaten das Tool vic und für die Audiosignale das Tool vat zum Einsatz kamen. Dazu wurde wb als Whiteboard verwendet.

Bei der Aufteilung der verfügbaren Bandbreite wurde dem Audiosignal eine wesentlich höhere Priorität eingeräumt als dem Video, da es nach den Erfahrungen der Veranstalter einen entscheidend höheren Beitrag zum Erfolg der Übung leistet, als das Bild. Um Zwischenfragen der empfangenden Universität zu ermöglichen, wurde auf Wunsch der Studenten statt eines tragbaren Funkmikrofons ein Raummikrofon installiert, welches jedoch zu unerwünschten Echos führte und Komponenten zur Unterdrückung derselben erforderlich machte.

Als Hardware kamen in Freiberg SUN Workstations zum Einsatz, in Dresden wurden DIGITAL Alphas verwendet. Ob neben den Mikrophonen und Videokameras Beamer zum Einsatz kamen, ist nicht bekannt.

---

[60] Vgl. telet.inf.tu-dresden.de/mml/telet/ap3.htm

Nach Abschluß des oben beschriebenen Projekts begann die TU-Dresden, in Kooperation mit der Universität Leipzig, ein neues Projekt namens „Java based Teleteaching Kit" (JaTeK), das im folgenden Kapitel näher erläutert wird.

5.4. Das Projekt Java Based Teleteaching Kit (JaTeK)

Ziel des Projekt JaTeK der Technischen Universität Dresden und der Universität Leipzig war es, eine leistungsfähige Lernumgebung im Internet zu schaffen, die vorrangig asynchron und damit zeit- und ortsunabhängig Wissen an Lernende vermitteln kann. Lerninhalte werden im Internet publiziert und können sowohl Dokumente, Bilder, Audio, Video und Animationen sowie Übungen und Experimente, die durch eigene Werkzeuge erstellt werden, enthalten.

Außerdem können Lernende mit Hilfe von Kommunikationsdiensten gemeinsam an Materialien arbeiten oder kommunizieren, was das System durch seine hohe Interaktion von reinen Materialsammlungen im Internet abgrenzen soll. Durch die modulare Aufbauweise läßt das System Erweiterungen und Anpassungen an spezielle Bedürfnisse jederzeit zu. Ein wichtiger Bestandteil des Systems sind parametrisierbare Schablonen (Templates), die eine Erstellung der interaktiven Elemente vereinfachen und für neue Fachbereiche jederzeit hinzufügbar sind. Auch neue Kommunikationsdienste, die für die optimale Interaktionsmöglichkeiten sorgen sollen, können bei Bedarf nachträglich hinzugefügt werden. Dem Studenten ist außerdem die Möglichkeit zur Speicherung seiner Daten innerhalb des Systems gegeben, was eine langfristige Nutzung und zeitaufwendige Projekte nicht zur Hürde werden lassen.

JaTeK besteht aus drei Komponenten, einmal dem JaTeK – Java Based Teleteaching Kit, dem JaWoS – Java Based Workgroup Support und JavaI – Java Based Evaluation System, die nachfolgend beschrieben werden[61].

---

[61] Vgl. http://telet.inf.tu-dresden.de/mml/telet/Meilensteine/6/abschluss.htm

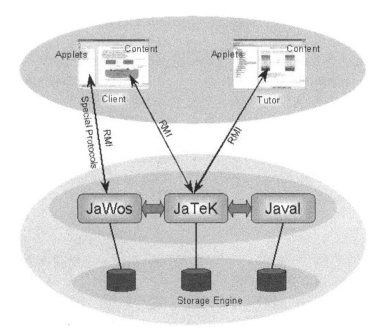

Abb. 5.1. Aufbau des JaTeK-Systems

Quelle: http://telet.inf.tu-dresden.de/mml/telet/Meilensteine/6/abschluss.htm

5.4.1. Das JaTeK-Hauptmodul

Der JaTeK Server ist vollständig in Java implementiert und an eine Datenbank angeschlossen, die ein einfaches Abspeichern von JaTeK-Objekten
ermöglicht. Diese Objekte sind weitgehend selbst für ihre Speicherung in der
Datenbank verantwortlich, wodurch eine große Unabhängigkeit der verschiedenen Objekte gewährleistet wird. Der JaTeK-Server bildet zusammen mit
einem WWW-Server, in diesem Fall ein „Microsoft Internet Information Server" (MS IIS) die Schnittstelle für die Applets, die auf den Clients ausgeführt
werden und stellt außerdem jedem Nutzer einen eigenen Kontext zur Verfügung, um seine Daten zu verwalten. Die Kommunikation zwischen Server
und Client läuft vollständig über HTTP und RMI (Remote Method Invocation,
eine Programmierweise in Java, die es erlaubt, daß mehrere Objekte in ei-

nem Netzwerk miteinender interagieren können), wodurch ein einfacher Austausch von Daten gewährleistet ist.

Das System unterteilt sich weiterhin in den Studierarbeitsplatz und den Lehrarbeitsplatz. Ersterer wurde mit Hilfe der von SUN zur Verfügung gestellten Java foundation Classes erzeugt, um ein niveauvolles User-Interface zu schaffen. Entstanden ist dabei ein eigenständiges Client-Programm, das den Lernenden eine einheitliche Nutzeroberfläche bietet. Zur Gewährleistung einer ausreichenden Sicherheit ist eine Anmeldeprozedur des Nutzers im System implementiert. Der Studierarbeitsplatz bietet folgende Funktionen:

- Navigation durch Kapitel und Materialien
- Index
- Glossar
- Kommunikationsdienste, wie Chat, Blackboard (eine elektronische Pinnwand, an die kurze Notizen gehängt werden können), Whiteboard und SharedText (erlaubt das gleichzeitige Bearbeiten eines Dokuments von verschiedenen Benutzern)

Der Lehrarbeitsplatz wurde zur Verwaltung und Erstellung von Lehrinhalten konzipiert und als Java-Applikation umgesetzt. Die Anwendung beinhaltet Funktionen für das Bearbeiten von

- Kursen
- Kapiteln
- Materialien
- Glossareinträgen
- Indizes
- Zugriffsrechten

Bei der Materialverwaltung wurde ein intuitiv bedienbares Interface entwickelt, das Texte, Audiodateien, Videos und Links in die Lehreinheit einbinden läßt. Auch interaktive Elemente wie Aufgaben in verschiedenen Formen oder Experimente können mit dem Tool entwickelt werden.

Zudem kann der Systemadministrator Kursrechte erteilen, Nutzer und Gruppen verwalten und neue Templates in das System integrieren.

5.4.2. JaWoS

Das Java Based Workgroup Support (JaWoS) stellt einen eigenen Server dar und kann auch ohne JaTeK betrieben werden. Zweck dieser Komponente ist die Erweiterung von JaTeK um die Gruppenfunktionalität. JaWoS gliedert sich in einen Server, mehrere Services und eine Administratorkomponente. Services sind ebenfalls Server mit dazugehörigen Clients, die in das JaTeK-System integriert werden können. Jeder dieser Services besitzt wiederum Channels, welche die Aufgabe haben, Daten innerhalb des Service zu trennen. Die Channels können gezielt Daten an mehrere, oder nur einen Client schicken, wodurch beispielsweise ein Chatten möglich wird. Die Channels bedienen sich der Push-Technologie, d.h. der Client muß nicht dauerhaft die Daten anfordern, sondern bekommt sie automatisch zugesandt.

JaWoS verwaltet die Services des Systems, die Interaktion zwischen den Nutzern ermöglichen, sprich Chat, Blackboard, Whiteboard und SharedText.

5.4.3. Javal

Das Java Based Evaluation System wurde als dritte Teilkomponente entwickelt, um ein Werkzeug zur Verfügung zu stellen, welches den Lernerfolg und die Qualität der Lehre evaluieren soll. Damit wird die Erstellung von Fragebögen durch einen Fragebogengenerator, sowie eine Evaluierungskomponente realisiert. Einerseits bietet das System somit eine Möglichkeit, die Nutzung von angebotenen Lehrmaterialien zu überprüfen, wobei eine Kontrolle der Lernenden dabei nicht erfolgen soll, sondern eine Auswertung über die Nachfrage nach bestimmten Komponenten. Zum anderen können mit dem Modul beispielsweise interaktive Übungen erstellt werden, die per Mausklick ausgewertet werden können und Informationen über Dauer und Anzahl der Lösungsversuche liefern.

Das Projekt wurde am 31.12.1998 abgeschlossen, nachdem erfolgreich die Lehreinheit „Rechnernetze" über JaTeK den Studierenden zur Verfügung gestellt worden war.

5.5. „Telekooperation und Internet" von Erlangen-Nürnberg nach Regensburg[62]

Im Sommersemester 1998 wurden an der Universität Regensburg erstmals die Übertragung und der Empfang von Vorlesungen über das MBone erprobt. Um die Tauglichkeit für die Praxis zu evaluieren, wurde im Fach „Internet, Intranet und Kommunikation in verteilten Unternehmen" der Versuch gestartet, den ersten Teil der Veranstaltung von der Universität Nürnberg-Erlangen zu importieren. Ziel sollte es sein, Erfahrungen im Bereich Teleteaching zu sammeln und die Vorteile, Nachteile und Probleme aufzudecken. Inhalt der Vorlesung war gleichzeitig auch die Umsetzung, da Telekooperation gelehrt wurde, wodurch ein hoher Praxisbezug der Vorlesung gegeben war.

Da die Universität Regensburg keinen ausreichend großen, zu Teleteachingzwecken eingerichteten Hörsaal besitzt, mußten die Gerätschaften vor jeder Vorlesung neu aufgebaut und die Netzanbindung hergestellt werden. Dadurch konnte neben dem Sammeln der eigentlichen Teleteachingerfahrungen auch der mobile Einsatz der Geräte erprobt werden. Die Hardware bestand in Regensburg aus zwei SGI Indys, wovon eine für den Empfang und eine für das Senden der Daten verwendet wurde. Ein Beamer sollte das empfangene Bild an die Wand projizieren und Lautsprecherboxen sollten das Audiosignal wiedergeben. Die Übertragung erfolgte bidirektional, um den Regensburger Studenten Interaktion und Zwischenfragen zu ermöglichen. Der Dozent in Nürnberg hatte während der Vorlesung keinen Blickkontakt zu den Regensburger Studenten, er konnte nur das Audiosignal hören, wenn Zwischenfragen auftauchten.

Die Übertragung erfolgte über das MBone, wobei folgende Tools zum Einsatz kamen: Für die Audiodaten wurde vat verwendet, für die Videoübertragung diente vic.

Auf ein Whiteboard wurde in dieser Veranstaltung verzichtet; vielmehr kam im Nürnberger Hörsaal eine zweite Webcam zum Einsatz, die nur auf jene Folien gerichtet war, die mittels eines herkömmlichen Overhead-Projektors auf eine Leinwand projiziert wurden. Das hatte den Nachteil, daß die relativ

---

[62] Vgl. Lehner, Klosa, 1999

pixeligen Bilder, die in Regensburg empfangen wurden, die Lesbarkeit der Folien stark beeinträchtigten. Um dies zu kompensieren, wurde das Nürnberger Vorlesungsskript den Regensburger Studenten zur Verfügung gestellt. Die Abdunklung des Hörsaals erschwerte jedoch das Mitverfolgen der abgedruckten Folien.

Die Audio- und Videoübertragung war meistens gut bis befriedigend, eine Vorlesungseinheit konnte wegen technischer Schwierigkeiten in Regensburg gar nicht empfangen werden, was jedoch durch eine Aufzeichnung der gesamten Übertragung und ein späteres Abrufen kompensiert wurde.

5.6. Die Vorlesung „Informatik und Gesellschaft" an fünf Baden-Württembergischen Universitäten[63]

Im Sommersemester 1997 wurde von der Universität Freiburg eine Vorlesung mit dazugehöriger Übung zum Thema „Informatik und Gesellschaft" über das MBone an die Hochschulen Konstanz, Mannheim, Ulm und Stuttgart übertragen.

Zum Versenden und Empfangen der Datenströme kamen die MBone-Tools vat zur Audioübertragung, vic zur Videoaufzeichnung und –übertragung, sowie das Whiteboard wb mit dazugehörigem Tool wbimport zum Einsatz. Die Ankündigung der Vorlesung erfolgte über das sdr, welches die anderen Tools mit den dazugehörigen Spezifikationen startet. Durch diese Konstellation der verwendeten Tools wurden drei Datenströme von Freiburg aus gesendet, jede empfangende Universität sendete ihrerseits zwei zurück, einen für Audio und einen für Video.

Als Rechner in den Hörsälen kamen SUN oder SGI Geräte zum Einsatz, die alle an das Hochschulnetz mit 10 Mbps angeschlossen waren. Zusätzlich verfügten die Hörsäle in Freiburg und Ulm über Mikrophone und Beamer. Letztere wurden entweder zur Projektion des entfernten Redners verwendet, oder zum Anzeigen des Whiteboard-Inhalts.

Die Vorlesung wurde aus dem Multimedia-Hörsaal des Instituts für Informatik in Freiburg übertragen, der über eine ausgereifte technische Ausstatung ver-

---

[63] Vgl. http://modell.iig.uni-freiburg.de/publikationen/Tele-bericht/tele-bericht.html

fügt, zu der zwei Workstations, eine Kamera, ein Beamer, Mikrophonen und Lautsprechern gehören.

Die Universitäten Konstanz und Stuttgart empfingen die Vorlesung lediglich in einem Terminalraum, in dem jeder Teilnehmer an einem eigenen Arbeitsplatzrechner saß und die Vorlesung am Bildschirm mit Kopfhörern mitverfolgte. Eine Projektion des Whiteboards fand in diesen Räumen nicht statt. Der Empfang in Mannheim erfolgte lediglich in einem Büro, da hier keine Studenten die Vorlesung mitverfolgten und nur der wissenschaftliche Mitarbeiter an der Übertragung und den Erfahrungen mit dem MBone interessiert war.

Die mit dieser Veranstaltung verbundenen Erfahrungen technischer und didaktischer Art werden in Kapitel 6. näher beschrieben.

5.7. Das Projekt „Teleteaching / Telelearning Referenzsysteme und Service Center im Breitband Wissenschaftsnetz" der Universität Erlangen[64]

Ziel des Projekts war es, Vorlesungen, die an der Universität gehalten wurden, samt vorlesungsbegleitendem Material, im Internet zur Verfügung zu stellen.

Dazu wurden die Vorlesungen aufgezeichnet und mit dem zugehörigen Folienmateriel in digitaler Form gespeichert.

Zur Realisierung des Projekts wurde an der Universität eine Sun Enterprise 450 mit 4 Prozessoren und 144 GByte Speicherplatz angeschafft, um einen leistungsfähigen Lecture-on-demand-Dienst und große Benutzergruppen zu ermöglichen. Das System wird durch die MPEG-encoding Hardware von Optibase und die Video-Server-Software von Oracle erweitert, die ihrerseits eine leistungsfähige relationale Datenbank mit WWW-Schnittstelle beinhaltet.

Um die Authenzität der Vorlesung beizubehalten, wurde ein System entwickelt, welches es erlaubt, die in der Vorlesung verwendetet Folien zeitsynchron zu den Audio- und Videoströmen zu präsentieren. Realisiert wird dies durch Kontrollströme, die bidirektional die zusammenhängende Präsentation von Vorlesung und Lehrmaterial gestatten. Ein Überspringen bestimmter Vorlesungsinhalte ist somit möglich, ohne die zeitliche Reihenfolge der Folien zu

---

[64] Vgl. http://teleteaching.wi2.uni-erlangen.de/ttref/berichte/pab1.ps.gz

verletzen. Zum Anzeigen der Vorlesungen mit den zusammenhängenden Folien und weiteren Materialien wurde ein eigenes Java Applet auf Basis des Java-Media Frameworks von SUN entwickelt, was den entscheidenden Vorteil hat, daß der Nutzer keine zusätzliche Software benötigt, sondern lediglich einen Java-fähigen Browser, wie er heute Standard ist.

Wichtig für die Übertragung der Daten ist ein „streaming-media"[65]-fähiger Senderechner. Dabei spielt das RTP eine wesentliche Rolle bei der Übertragung der Daten. Die Medien werden in einem kontinuierlichen Strom versandt und beim Empfang sofort abgespielt. Beim Nutzer ist für die Betrachtung ein Player nötig, den es entweder als eigenständiges Programm, oder als Browser-Plugin gibt.

An der Universität Erlangen-Nürnberg wurde zur Erstellung der angesprochenen Veranstaltungen ein intuitiv einfach zu bedienendes Authoring-tool in Java entwickelt, das es dem Dozenten erlaubt, die aufgezeichneten Vorlesungen selbst zu bearbeiten und den Zeitpunkt der zusätzlich anzuzeigenden Materialien und Selbstkontrollfragen nach eigenen Wünschen zu wählen und zu speichern. Somit sind die Richtigkeit der Zusammenhänge und die Schwerpunkte der am Schluß angebotenen Vorlesung zumindest bestmöglich sichergestellt.

Abbildung 3.1. zeigt das Fenster des Browsers, unterteilt in 3 Frames, wobei im unteren Frame die Schwerpunkte und einzelnen Kapitel der Vorlesung mit Zeitangabe aufgeführt sind, um eine leichte Navigation innerhalb des Vortrags zu gewährleisten.

Der obere linke Frame zeigt die Vorlesung selbst als Video, und im rechten oberen Frame werden zeitsynchron die dazugehörigen Lehrmaterialien angezeigt, in diesem Fall die Folie zum momentanen Vorlesungsabschnitt. Aber sind beispielsweise auch Selbstkontrollfragen möglich, die sofort durch Anklicken eines Buttons gelöst werden können, um eventuell nicht verstandenen Stoff sofort aufzuzeigen. Solche Multiple-Choice-Aufgaben werden mit dem selben Authoringsystem erstellt, das auch für die Zusammenstellung der multimedialen Inhalte verantwortlich ist.

---

[65] Vgl. Kap. 3.5.7.

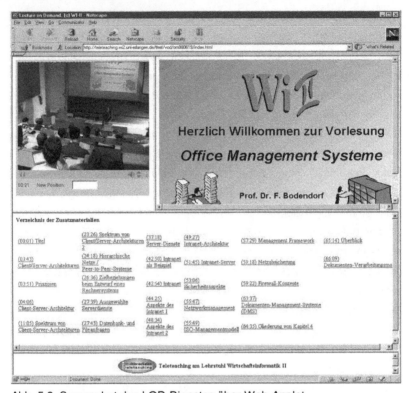

Abb. 5.2. Screenshot des LOD-Dienstes über Web-Applet

Quelle: http://teleteaching.wi2.uni-erlangen.de/ttref/berichte/pab1.ps.gz

Die geplante Gesamtarchitektur des Systems, das ab dem Wintersemester 1999/2000 voll einsatzfähig sein soll, ist in folgender Grafik veranschaulicht:

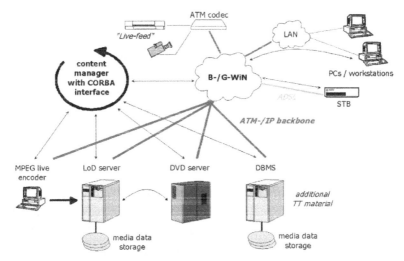

Abb 5.3. Geplante Gesamtarchitektur zur Realisierung eines integrierten,
hochqualitativen Lecture-on-Demand-Dienstes im B-/G-WIN

Quelle: http://teleteaching.wi2.uni-erlangen.de/ttref/berichte/pab1.ps.gz

5.8. Tele-akademie an der FH-Furtwangen

Die Tele-akademie ist eine Zentrale Einrichtung der Fachhochschule Furt-
wangen, die 1995 gegründet wurde. Sie hat die Aufgabe „die wissenschaftliche Weiterbildung an der Hochschule zu koordinieren und dabei insbesondere die Anwendung neuer, multi- und telemedialer Lerntechnologien zu erpro-
ben. Im Vordergrund stehen dabei internet-basierte Kurse und Weiterbil-
dungsprogramme, Videokonferenzen und Multimedia."[66]

Die Tele-akademie bietet neben Vorlesungsskripten und ähnlichem beglei-
tenden Lehrmaterial im Internet eine Reihe von Videokonferenzen über IDSN
zu folgenden Themen an:

- Programmieren in C.
- Grundlagen der Gestaltung (Bereich Medien)
- Elektromagnetische Umweltverträglichkeit
- Arbeitsrecht
- Marketing

---

[66] http://www.tele-ak.de/ta-info/aufgaben.htm

- Teamarbeit

An den Videokonferenzen können Unternehmen, sowie private oder öffentliche Einrichtungen teilnehmen. Es handelt sich dabei laut Tele-akademie um interaktive Seminare, die aus dem Teleteaching-Hörsaal der Fachhochschule live übertragen werden. Zum Einsatz kommt das ISDN-Videokonferenzsystem PictureTel Live200p oder ein ähnliches H320-kompatibles System. Dazu werden zwei ISDN-Leitungen benötigt, die mittels Kanalbündelung 128 Kbps Übertragungsvolumen erreichen. Die Lehrangebote können entweder ein Semester lang regelmäßig empfangen werden, oder nach Vereinbarung kompakter übertragen werden. Die Teilnahmegebühr an dem Semesterangebot beträgt mit VK-Gebühren DM 3270,- während bei den individuell festlegbaren Kursen eine Stunde Expertenvortrag ab DM 200,- kosten, zzgl. VK-Gebühren von ca. DM 400,-.

Neben diesen videokonferenzbasierten Angeboten bietet die Tele-Akademie noch ein Unternehmensplanspiel an. Das ist ein internetbasiertes Spiel, daß acht Unternehmen in der Kopiererindustrie abbildet. Hier wird ein Markt simuliert, in dem von den Teilnehmern Managementenscheidungen getroffen werden müssen. Das Konzept dabei ist „Learning by doing" unter Aufsicht eines Professors.

Als weiteres Projekt wird an der Tele-Akademie „digiMedia" angeboten, das sich mit der Entwicklung von Studienmodulen im Internet befaßt, die schon in Hochschulen und Weiterbildungseinrichtungen zum Einsatz kommen. Dabei werden 16 Internet-basierte Kurse zum Thema „digitale Medien" entwickelt, die alle 6 Studienmodule mit Multimedialen Elementen, wie Audio, Video und Animationen, sowie Lernaufgaben enthalten. Die Bearbeitung der Materialien und Lernaufgaben wird durch Tele-Tutoren unterstützt, wodurch das Projekt zu einer Interaktiven Veranstaltung wird.

Neben den oben beschriebenen Veranstaltungen werden noch eine Reihe von Veranstaltungen angeboten, die mittels Studienbriefen oder CD-ROMs abgewickelt werden, was jedoch nicht unter die Definition des Teleteaching fällt, die dieser Arbeit zugrunde liegt.

5.9. Das Projekt WINFOLINE

Das Projekt „Wirtschaftsinformatik Online" (ehemals „Lehre 2000") der Universitäten Saarbrücken, Göttingen, Leipzig und Kassel entwickelt eine virtuelle Lernwelt für das Fach Wirtschaftsinformatik im Internet. Dabei werden zwei Hauptziele verfolgt[67]:

- Durch die Zusammenarbeit sollen alle beteiligten Informatiklehrstühle ihre Kernkompetenz in die Lehre der Wirtschaftsinformatik einbringen. Dabei werden Kernkompetenzen als Lehrveranstaltungen verstanden, die in einem engen Bezug zu den Hauptforschungsgebieten der Lehrstühle haben. Dadurch soll ein möglichst fundiertes Studium für die Studenten gesichert werden, das von Spezialisten in ihren jeweiligen Fachbereichen angeboten wird. Die Lehrangebote können von den Studenten frei aus den Bildungseinheiten der 4 Universitäten zusammengestellt werden und die Leistungen in den jeweiligen Fächern werden an allen beteiligten Hochschulen anerkannt.
- Durch die Aufarbeitung von Lehreinheiten und deren Angebot im Internet soll das Wirtschaftsinformatikstudium weitgehend zeit- und ortsunabhängig werden, ohne auf Interaktion und Kommunikation zwischen Studenten und Dozenten zu verzichten. Dadurch sollen auch die Studienzeiten deutlich verkürzt werden.

Die Bildungsangebote werden so in die Lehre integriert, daß sie sowohl zur Vor- und Nachbereitung, als auch als Substitut für traditionelle Lehrveranstaltungen dienen können.

Jedes Bildungsprodukt setzt sich dabei aus einzelnen Lehreinheiten zusammen, die jeweils unabhängig voneinander bearbeitet und kombiniert werden können. Durch diese modulare Aufbauweise ist weitgehend gesichert, daß der Studierende eine große Auswahl bei der individuellen Zusammenstellung seines Studiums hat. Auch bei der didaktischen Art des Lehrens kann der Student zwischen drei verschiedenen Lernstrategien frei wählen, die im folgend erläutert werden.

---

[67] Vgl. http://www.winfoline.de/BIG/UP1/beschreibung/ueberblick.doc

- Die Lehrbuchstrategie: Diese Variante ist primär rein textbezogen und dient vor allem der theoretischen Vertiefung des Wissens.
- Die Testcenter-Variante: Hier kann der Student anhand von Übungsaufgaben und Fallbeispielen den Stoff anwenden und festigen.
- Die Lerneinheiten-Story: Durch den Einsatz von Multimedia werden Sachverhalte in ihrer jeweils angemessensten Form durch Animationen und Interaktivität mit der Lerneinheit erläutert.

Als weiterer Teilbereich von WINFOLINE sind die Services zu nennen.

1) Services zur Unterstützung der Lehrer-/Lerner-Relation.
2) Services zur Unterstützung der Administration und Qualitätssicherung der Bildung.

Die Services ermöglichen eine Nutzung des Bildungsangebots, sowie die Kommunikation und Interaktion von Dozenten und Studenten. Diese kann über verschiedene Kommunikationswerkzeuge, von E-Mail bis Videokonferenzen, erfolgen, anhand derer Diskussionen zu bestimmten Themen geführt, oder Fragestunden ermöglicht werden. Daneben erhält jeder Studierende ein elektronisches Lernkonto, das ihm anzeigt, welche der Lerneinheiten er bereits bearbeitet hat und das die Zusammenstellung einer individuellen Kombination der Lerneinheiten ermöglicht.

Zur Zeit werden folgende Bildungsprodukte in WINFOLINE angeboten:

- Architektur integrierter Informationssysteme (ARIS)
- Entwicklung von Anwendungssystemen
- Führungsinformationssysteme
- Intranet

Mit welcher technischer Umsetzung die multimedialen Lerneinheiten realisiert werden, konnte nicht in Erfahrung gebracht werden.

5.10. Das Teleseminar zwischen Nürnberg, Bayreuth und Regensburg zum Thema „Electronic Commerce"[68]

Im Sommersemester 1998 fand zwischen den Universitäten Nürnberg, Bayreuth und Regensburg ein verteiltes Seminar im RIS Szenario statt, welches über das MBone abgehalten wurde. Dabei bestand an keinem Standort die Notwendigkeit, die eigene Universität zu verlassen. Jedem Studenten wurde sechs Wochen vorher ein Thema zugeteilt, das es zu bearbeiten galt. An zwei Terminen wurden dann die Arbeiten von den Studenten vorgetragen, mit einer anschließenden Diskussion.

Um die Technik kennenzulernen und die Themen vorzustellen, fand eine Einführungsveranstaltung statt, die auch erste Erfahrungen mit der neuen Lernsituation schaffen sollte. Didaktisch baute das Seminar auf traditionellen Seminaren auf und wurde zusätzlich durch eine Newsgroup und E-Mail erweitert, die zu koordinations- und Kommunikationszwecken genutzt wurden.

Als Tools für die Übermittlung von Audio und Video wurden vat und vic eingesetzt, als Whiteboard diente wb, wobei die Folien zusätzlich vor den Veranstaltungen in der Newsgroup veröffentlicht wurden. Jeder der Teilnehmer empfing sowohl das Audio als auch das Videobild der beiden anderen Seminarräumen. Letzteres wurde mittels eines Beamers an die Wand projiziert, um den Studenten die Möglichkeit einzuräumen, sich während der Diskussion zu sehen.

In jedem der Seminarräume war ein technischer Betreuer anwesend, der für die technische Überwachung, den Verbindungsaufbau und die Kamerasteuerung zuständig war. Ihnen wurde noch ein Chat-Tool zur Verfügung gestellt, damit der Ablauf der Veranstaltung nicht durch technische Abstimmungsgespräche gestört wird.

Im drauffolgenden Wintersemester fand ein interdisziplinäres Seminar zum Thema „Internet und Recht" zwischen Studenten der Regensburger Jura-Fakultät und der Wirtschaftsinformatikfakultät statt. Die Veranstaltung wurde unidirektional in das MBone übertragen, so daß eine Rückfragemöglichkeit nur asynchron möglich war.

---

[68] Vgl. Lehner, 1999

Im Sommersemester 1999 fand wieder ein Teleseminar zum Thema „Ge-
schäftsprozeßmodellierung und –optimierung" statt, diesmal war statt Bayreuth Bamberg dabei. Vom Ablauf her war diese Veranstaltung mit der erst-
genannten überwiegend identisch.

5.11. Die Virtuelle Universität der Fernuniversität Hagen

Die Fernuniversität Hagen verfolgte seit ihrer Gründung im Jahr 1974 das
Konzept des Fernstudiums, um all denjenigen ein Studium zu ermöglichen,
die keine Möglichkeit haben, ein Präsenzstudium zu absolvieren. Der Unter-
richtsbetrieb erfolgte durch Zusendung von Lehrmaterialien per Post, die bearbeitet und ausgewertet zurückgesandt wurden. Dieser umständliche Weg
der Kommunikation, liebevoll „snailmail" (Schneckenpost) aufgrund seiner, im
Gegensatz zu E-Mail, langsamen Übermittlung genannt, kann problemlos
durch die modernen Kommunikationssysteme ersetzt werden. Aus diesem
Grund befaßt sich die Fernuniversität Hagen seit 1996 mit dem Projekt „Virtuelle Universität Hagen" (VU), dessen Ziel es ist, die Lehrstoffe multimedial
aufzuarbeiten und im Internet anzubieten. Das Studium soll völlig orts- und
zeitunabhängig werden, wobei der Personal Computer eine entscheidende
Rolle spielt[69]. Er soll zugleich als Anbieter von Lehrmaterial, Experimentier-
umgebung, Bibliothek, Auskunftsterminal und Kommunikationszentrum dienen.

Das Lehrmaterial umfaßt mittlerweile Multimedia-Kurse, (interaktive) Videos,
CBT, Simulationspakete, Experimentiersoftware, Animationen und Printmedien, wodurch ein breites Spektrum an verschiedenen Materialien realisiert
wird.

Gestützt wird das Konzept der Virtuellen Universität durch eine Vielzahl von
Interaktions- und Kommunikationswerkzeugen, die von E-Mail, Newsgroups
und Chat bis hin zu Videokonferenzen reichen, die alle sowohl zum Kontakt
der Studenten untereinander, als auch zum Dozenten dienen[70]. Dadurch wird
das gemeinsame Erarbeiten von Lehrmaterialien und die Durchführung von

---

[69] Vgl. https://vu.fernuni-hagen.de/cgi-
bin/ws.exe/Anwendung/optional/project/kurzanleitung.html
[70] Vgl. https://vu.fernuni-hagen.de/cgi-bin/ws.exe/Anwendung/optional/vusoft.html

Seminaren gewährleistet.

Die technische Plattform wurde von den Fachbereichen Elektrotechnik und Informatik selbst entwickelt und baut auf den gängigen Standards des Internets auf, Datenbank- und Java-Integration inklusive. Dadurch soll gewährleistet werde, daß jeder Studierende von jedem Rechner mit Internetzugang aus das Bildungsangebot in Anspruch nehmen kann, ohne darüber hinausgehende Voraussetzungen (wie beispielsweise einen MBone-Anschluß) erfüllen zu müssen.

Für den Nutzer werden von der VU lediglich ein Rechner mit Windows 95 Betriebssystem, ein Internetzugang, Soundkarte mit Mikrofon und Lautsprecherboxen, sowie optional eine Webcam für Videokonferenzen vorausgesetzt. Dazu ein gängiger Internetbrowser mit einigen Plug-ins, die alle über die VU bezogen werden können, sowie ein Videokonferenzpaket (Netmeeting oder CuSeeme[71]). Nähere Informationen zum Aufbau des Systems waren nicht zu bekommen, da das Studienangebot paßwortgeschützt und nur für Studenten der Fernuniversität Hagen zugänglich ist. Eine direkte Anfrage an die Universität verwies lediglich auf die Gast-Seiten, in denen keine technischen Informationen enthalten waren.

5.12 MMTT an den Universitäten Erlangen und Nürnberg

Die Entwicklung des Projekts „Multimediales Teleteaching" (MMTT) war an den Universitäten Erlangen und Nürnberg als eineinhalbjähriges Projekt von Ende 1996 bis Anfang 1998 angesetzt[72].

Grund für die Entwicklung des nachfolgenden Systems war die bisherige Notwendigkeit, von Erlangen nach Nürnberg zu pendeln, um bestimmte Vorlesungen zu besuchen, die nach Umsetzung der Pläne hinfällig sein sollte[73]. Realisiert wurde dies durch eine beispiellos aufwendige und unfangreiche Einrichtung der nötigen Infrastruktur. In den ersten zwei der vier Phasen, wurden an der Universität Nürnberg ein Hörsaal, ein Seminarraum und mehrere Einzelplatzrechner mit allen notwendigen Technologien fest ausgestattet, um einen permanenten Televorlesungsbetrieb für mehrere Jahre zu ga-

---

[71] Vgl. Kap. 3.5.5.
[72] Vgl. Zwischenberichte zu Meilensteinen 1 bis 4 des Projektes MMTT, 1996-1998
[73] Vgl. http://teleteaching.wi2.uni-erlangen.de/mmtt/infos/index.html

rantieren. In Erlangen wurde ein Seminarraum und ebenfalls mehrere Einzelplatzrechner eingerichtet, sowie ein Seminarraum im mathematischen Institut in der Innenstadt und einer in der technischen Fakultät. Durch die feste Installation der Hard- und Software sollte das Teleteaching zum festen Bestandteil der Hochschulausbildung werden und den Studenten dauerhaft von Nutzen sein. Im Nürnberger Hörsaal wurde sogar ein Teleteaching-Pult entwickelt, welches ganz auf Teleteachingzwecke ausgerichtet ist. Das Pult ist in folgender Abbildung beschrieben:

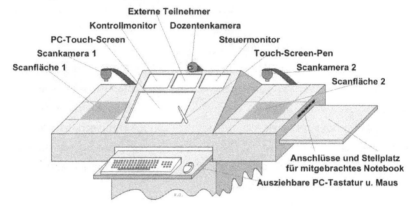

Abbildung 5.4. Teleteaching Terminal im Nürnberger Hörsaal
Quelle: Zwischenbericht zu Meilenstein 1 des Vorhabens MMTT, 1996

In das Bedienpult sollen sämtliche für die Vorlesung und dessen Übertragung relevanten Steuerfunktionen integriert werden. Die Scankameras 1 und 2 dienen dazu, den entfernten Hörsälen ein qualitativ hochwertiges Bild von zusätzlichen Lehrmaterialien und Folien zu liefern.

Die diversen Hörsäle wurden mit mehreren, teils fernsteuerbaren Kameras, etlichen Mikrofonen, Beamern und leistungsstarken Rechnern ausgestattet. Die Einzelplatzrechner würden ebenfalls mit Webcams, Mikrofonen und Lautsprechern bestückt, um auch hier eine völlige Integration in die Vorlesung zu sichern. Als Software für die Audio- und Videoübertragung wurden gleich drei Systeme installiert, um bei Ausfall eines Paketes auf mehrere andere zurückgreifen zu können. Darunter sind die MBone-Tools vic und vat, sowie die Unicast-Tools „ShowMe" und die MMS-Tools des IMMD IV. Zudem kam das Whiteboard wb zum Einsatz, welches später vom eigens entwickelten „shared slides" ersetzt wurde, da dieses Tool die Unzulänglichkeiten von wb, in Bezug auf die Menge der übertragenen Daten, Dokumentenformate und Übertragungsgeschwindigkeit kompensieren soll.

In der Projektzeit wurde eine ATM-Netzinfrastruktur in Nürnberg aufgebaut, die für die Übermittlung der Daten zwischen den Standorten zuständig sein sollte. Zu dieser Zeit stand eine Netzbandbreite von 34 Mbit/s zur Verfügung. Im Sommersemester 1997 wurden erstmalig wöchentlich 4 Lehrveranstaltungen live und Interaktiv von Nürnberg nach Erlangen übertragen. Dazu gehörten „Operations Research IV" als Vorlesung und als Übung, sowie „Anwendungssysteme im Dienstleistungsbereich" und „Bürosysteme". Dadurch wurden erstmalig alle Pflichtveranstaltungen eines Nebenfachs (Betriebswirtschaftslehre für Informatiker) zwischen den beiden Hochschulen übertragen, was eine Reise überflüssig machte. In den Zeiten, in denen die Hörsäle nicht benutzt wurden, konnten die Studenten die vorhandene Technik nutzen, um Übungen der jeweils anderen Universität zu hören oder mit den Erlanger Tutoren einer nur dort angebotenen Übung von Nürnberg aus via Videokonferenz in Kontakt zu treten.

Im darauffolgenden Wintersemester wurden Vorlesungen der „Algorithmik", „Systemprogrammierung I ", „Operations research III und VI", „Statistik II", sowie eine Übung zu „Operations research", entweder von Erlangen nach Nürnberg, oder in anderer Richtung übertragen. Daneben wurde noch eine virtuelle Exkursion zu GMD Darmstadt angeboten, die es den Teilnehmern ermöglichen sollte, via Videokonferenz die Forschungsstation virtuell zu besuchen. Ein Mitarbeiter in Darmstadt führte dabei die Kamera vor Ort und beantwortete Fragen der Studenten. Außerdem wurde noch eine verteilte Vortragsreihe zum Thema „Kommunikationsmanagement" angeboten, die sich aus den Beiträgen mehrerer Dozenten zusammensetzte und deutschlandweit ins MBone übertragen wurde, um auch universitätsfremden Interessenten die Möglichkeit zur Teilnahme zu geben.

Im Sommersemester 1998 wuchs die Anzahl der Teleteaching-Veranstaltungen erneut auf über 10. Dazu gehörten die Veranstaltungen „Office Management Systeme", „Operations research IV und V", jeweils mit Übung, „Algorihmik II"mit Übung, „Systemprogrammierung II" und „Kaufmännische Datenbanken".

6. Erfahrungen und Ausblick

Teleteaching hat sich im deutschen Hochschulraum fest etabliert, und es liegen bereits umfangreiche Erfahrungen mit der Nutzung der elektronischen
Medien im Bildungsbereich vor. Einige technologischen Bausteine, die für
das Telelernen verwendet werden, beispielsweise Newsgroups, sind bereits
an vielen Lehrstühlen zur Selbstverständlichkeit geworden, andere hingegen
sind noch nicht fest in der Lehre etabliert und die mangelnde Akzeptanz seitens der Lernenden stellt teilweise noch eine Hürde dar, die es zu überwin-
den gilt. Im Folgenden sollen der Nutzen von Teleteaching und die Erfahrungen der Lehrstühle, die Telelernen anbieten, erörtert und ein Ausblick für die
Zukunft gegeben werden.

6.1. Nutzen von Telelernen

Eine Studie aus den USA[74] zeigt, daß der Großteil der Studenten der 90´er
Jahre nicht mehr 18 bis 20 Jährige sind, die es sich leisten können ihre volle
Zeit und Aufmerksamkeit einem Studium zu widmen. Ein Teil dieser Studen-
ten haben Familie und Beruf und können nicht mehrere Jahre auf einem
Campus verbringen und in der Nähe desselben leben.
Teleteaching ermöglicht es diesen Studenten dennoch ein Studium zu absol-
vieren, und im Gegensatz zu herkömmlichen Fernstudien trägt der hohe
Grad der Interaktion zwischen Mitstudenten und Professoren dazu bei, das
Studium effizienter und effektiver zu gestalten. Das selbständige Erlernen
des Stoffes wird durch Diskussion und gemeinsame Aufgabenbearbeitung
ergänzt. Zeitliche Gebundenheit der Lehre findet nur teilweise bei zeitsyn-
chronen Lehrveranstaltungen wie Online-Seminaren oder Live-
Televorlesungen statt, die nicht zwingend den Großteil des Studiums in Anspruch nehmen. Die restliche Zeit zur selbständigen Erarbeitung von Lehr-
stoff kann frei eingeteilt werden, und virtuelle Treffen mit Kommilitonen zum
Lösen gemeinsamer Projekte sind zeitlich individuell koordinierbar.

---

[74] Vgl. Starr Roxanne Hiltz, 1994

Auch in Firmen wird dem Gedanken Rechnung getragen, Weiterbildungsmaßnahmen online anzubieten, um den Mitarbeitern die teure und zeitgebundene Präsenzveranstaltung zu ersparen, durch die wertvolle Arbeitszeit verloren geht. Das Konzept des „just-in-time learning" oder „learning on demand" ist online gut zu realisieren und gilt als die flexibelste Form der Bildung. IBM beispielsweise bietet mittlerweile viele Bildungsmaßnahmen für ihre Mitarbeiter online an um die Fortbildung bei Bedarf zu gewährleisten. Gerade in der heutigen Zeit, in der das „Lebenslange Lernen" zunehmend an Bedeutung gewinnt, stellen Online-Lehrangebote eine kostengünstige Lösung dar.

Ein konventionelles Studium, wie es derzeit an Universitäten angeboten wird, sucht man als Telestudium im Internet noch vergebens. Zwar wäre damit nur die Pflicht der räumlichen Präsenz im Hörsaal aufgehoben; für viele jedoch ein wichtiges Kriterium. Zudem wird nach neuen Lehrformen gesucht, die ein Onlinestudium sinnvoller machen. Die reine Übertragung der Vorlesungen aus dem Hörsaal würde dem Konzept eines Onlinestudiums nicht gerecht werden, da gerade die neuen elektronischen Medien neue Möglichkeiten bieten, um die Lehre effizienter zu gestalten, und eine reine Übernahme der alten Lehrformen wäre ungenutztes Potential.

Aber auch in der traditionellen Hochschullehre spielt das Teleteaching eine wichtige Rolle, da der Import einer Vorlesung die Teile der Lehre sichern kann, die an der eigenen Universität nicht angeboten werden. Auch in den Bereichen, wo das Wissen und die Kompetenz bestimmter Dozenten gefragt sind, die keine Möglichkeiten haben, in der jeweiligen Hochschule präsent zu sein, macht Teleteaching Sinn. Bewährt hat sich auch die Idee, daß sich mehrere Hochschulen zusammenschließen, wie in dem Projekt „Teleteaching" der Universitäten Freiberg und Dresden, welche ihre Vorlesungen miteinander teilen. Das bringt den Vorteil, daß sich einzelne Dozenten auf bestimmte Fachbereiche konzentrieren können und die einzelnen Universitäten von den Kernkompetenzen der Lehrenden in ihrem spezifischen Fachbereich profitieren.

Solche Bildungsallianzen vermeiden Mehrfacharbeit und stellen die Weichen für ein Studium, das durch die Einbringung von Spezialisten und fundierten Forschungserfahrungen mehrerer hochqualifizierter Dozenten zum Bildungs-

erfolg wird. Die kooperative Leistungserstellung, die in der Wirtschaft viel diskutiert wird, ist gerade auch im Bereiche der Lehre sinnvoll.

6.2. Erfahrungen der Hochschulen mit Teleteaching

Im Internet sind zahlreiche Erfahrungsberichte zu vergangenen Projekten im
Bereich des Teleteaching an deutschen Hochschulen zu finden. Durch Fragebögen werden die Teilnehmer aufgefordert, sowohl den Inhalt, als auch die
technische Umsetzung und die Rahmenbedingungen der Veranstaltung zu
bewerten. Hierbei stellt sich die Akzeptanz der Dozenten und der Lehrenden
zu der Lehrveranstaltung sowie die technischen Probleme und Verbesse-
rungspotentiale heraus.

Bei der Suche wurden folgende Erfahrungsberichte gefunden, die sie sich
aufgrund ihrer detaillierten Beschreibung von technischen und didaktischen
Erfahrungen eignen, einen Überblick über Probleme und Erfolge des Teleteaching zu geben:

1) Das Projekt „Teleteaching Dresden Freiberg" von 1996[75],

2) Die Televorlesung „Informatik und Gesellschaft" der Universitäten Freiburg, Konstanz, Mannheim, Stuttgart und Ulm im Sommersemester
   1997[76],

3) Das Projekt „Teleteaching der Universitäten Mannheim und Heidelberg"[77]

4) Die Televorlesung „Telekooperation und Internet" der Universitäten Regensburg und Erlangen-Nürnberg 1998[78].

Die Televeranstaltungen werden in den folgenden Kapiteln mit ihren jeweiligen Nummern 1) bis 4) bezeichnet.

6.2.1. Technische Erfahrungen und Probleme

Maßgeblich für den Erfolg einer Televorlesung ist die funktionierende technische Umsetzung des Projekts. Die Erfahrungsberichte zeigen, daß Schwie-

---

[75] Vgl. http://telet.inf.tu-dresden.de/mml/telet/ap3.htm
[76] Vgl. http://modell.iig.uni-freiburg.de/publikationen/Tele-bericht/tele-bericht.html
[77] Vgl. Geyer, Eckert, Effelsberg
[78] Vgl. Lehner, Klosa, 1999

rigkeiten dort auftauchten, wo die Unterschiede zur konventionellen Vorlesung liegen.

Die Übertragung der Vorlesungen erfolgte über das MBone mit Hilfe diverser MBone-Tools.

Ein schwerwiegendes Problem, das in allen Erfahrungsberichten auftaucht, war die Unterbrechung der Veranstaltung aufgrund technischer Probleme in den Netzwerken. So fiel beispielsweise in 2) häufig der Ton in manchen Hörsälen aus, und zu manchen Terminen konnte eine Verbindung gar nicht aufgebaut werden. Teilweise wurden auch nur Teile der Vorlesung, wie zum Beispiel das Whiteboard, übertragen. Auch diverse Rechnerabstürze in den Universitäten und Überlastung der Multicast-Router blockierten die Lehrveranstaltungen zeitweise ganz oder machten eine qualitativ hochwertige Übertragung unmöglich.

Die verwendete Hardware in den Hörsälen spielte bei einigen Veranstaltungen ebenfalls eine behindernde Rolle. So war die Tonübertragung einer Veranstaltung in 1) wegen eines niederwetigen Mikrofons und zu klein dimensionierter Lautsprecherboxen nicht verständlich genug, und ein nicht ausreichender Beamer in einem anderen Hörsaal machte das Lesen von Schriften nahezu unmöglich. In einem Hörsaal war bei einer Veranstaltung ein leistungsschwacher Rechner zum Einsatz gekommen, was zur Folge hatte, daß die Synchronisation von Bild und Ton unzureichend war und der Ton zeitversetzt mit dem Bild ausgegeben wurde.

Auch menschliche Fehler behinderten den reibungslosen Ablauf der Veranstaltungen. So hatte in 2) nach einem Absturz eines Routers am Vortag der Systemadministrator vergessen, das MBone-Protokoll wieder zu aktivieren, oder ein Dozent hatte sich versehentlich in die falsche sdr-Session[79] eingewählt, weswegen erst nach Beginn der Veranstaltung eine Verbindung aufgebaut werden konnte.

Erschwerend kamen bei den Übertragungen auch Softwareprobleme hinzu, die durch undurchdachte Funktionalität und Oberflächengestaltung der MBone-Tools ausgelöst wurden. Durch verschiedene Tastenkombinationen innerhalb einzelner Tools, die bei anderen wiederum etwas völlig anderes

---

[79] Ankündigung der Vorlesung im Tool sdr

hervorriefen und dem Fehlen einer Undo-Funktion zum Rückgänigmachen von Bedienfehlern, wurden häufig versehentlich Einstellungen vorgenommen, die so nicht erwünscht waren. Diese führten teilweise zu längeren Unterbrechungen der Vorträge.

Auch die häufig fehlende Dokumentation der Tools hatte zur Folge, daß Potentiale nicht erkannt wurden, und bestimmte Einstellungen, die die Übertragung verbessert hätten, wurden schlichtweg übersehen. Die von der ISO 9341 Teil 10 festgelegten software-ergonomischen Gestaltungsanforderungen wurden von dem Videokonferenzpaket, das in 2) verwendet wurde, fast alle verletzt[80], was zur Folge hat, daß eine intuitive Bedienung durch Nichtfachleute nahezu unmöglich machte. Hier ist noch viel Arbeit zugunsten einer einheitlichen Gestaltung und einer umfassenden Dokumentation nötig, um eine einfache Handhabung der Tools zu gewährleisten und die Anzahl der notwendigen Fachleuten zu verringern.

6.2.2. Akzeptanz der Televorlesungen / Didaktische Probleme

Nach den Erfahrungen erster Televorlesungen an deutschen Hochschulen zeigte sich recht schnell, daß eine Überarbeitung der Lehrmethoden und des didaktischen Konzepts vonnöten ist. Die reine Übernahme einer Vorlesung und die Übertragung an eine entfernte Hochschule kann nicht ohne weiteres als erfolgreich gelöstes Projekt gelten. Vor allem Abstimmungsprobleme und Umstellung auf neue didaktische Konzepte bereiten oft Schwierigkeiten, die nachfolgend erläutert werden.

Zum einen stellte sich schnell heraus, daß die Televorlesungen zu bestimmten Zeiten am besten durchgeführt werden konnten, da eine relativ schwache Auslastungszeit des Internets ausgenutzt werden mußte um Übertragungszusammenbrüche zu verhindern. Dies führte angesichts der Zeit von 8:15 bis 9:45 zu fehlender Motivation der Studenten, für die der Stoff nicht oder nur in geringem Maße prüfungsrelevant war. Durch diese zeitliche Gebundenheit der Vorlesungen kamen in manchen Hochschulen auch Überschneidungen mit anderen Veranstaltungen vor, die aufgrund wesentlich höherer Teilneh-

---

[80] Vgl. http://modell.iig.uni-freiburg.de/publikationen/Tele-bericht/tele-bericht.html

merzahl nicht verschoben werden konnten. Der Terminabgleich zwischen den teilnehmenden Hochschulen konnte nur durch Kompromisse zustande kommen, die manche Teilnehmer benachteiligten

Weiterhin stellte sich der gleichzeitige Umgang mit der Technik und das Lehren als koordinatorisches Problem heraus. Bei einigen Vorlesungen mußte nach kurzer Zeit ein Verantwortlicher für die Regie und Technikübwachung eingesetzt werden, dessen Aufgabe es auch war, die zum Vorlesungsstoff relevanten Bilder zu liefern. Davor war es als störend empfunden worden, daß die Kamera eine starre Perspektive hatte und den Dozenten nicht verfolgte. Der durch die Kamera festgelegte Ausschnitt des Veranstaltungsraumes war trotz Regie für die Hörer der Vorlesung gewöhnungsbedürftig, da der Dozent auch bei näheren Aufnahmen zu klein im Bild war, wodurch die Gestik und Mimik nicht ausreichend übermittelt wurde. Bei ausreichendem großer Aufnahme des Professors war für die Hörer in der entfernten Hochschule nicht mehr feststellbar, was der Dozent neben dem Vortragen tat. So konnte beispielsweise ein kurzes Deuten auf eine Folie nicht gesehen werden und der kleine Ausschnitt des Hörsaals löste bei vielen Hörern Irritation aus, weil das vorgeschriebene Blickfeld nicht immer das war, was der Hörer zum Verfolgen der Vorlesung brauchte.

Ein weiteres Problem, ausgelöst durch die räumliche Trennung des Dozenten von den Studenten, war eine geringere Aufmerksamkeit des Lehrenden und ein insgesamt langsameres Vortragstempo als bei konventionellen Vorlesungen. Dies wirkte bei den Hörern motivationshemmend, führte oft zu einem geistigen Abschweifen der Lernenden und senkte im Laufe des Semesters die Teilnehmeranzahl deutlich. Auch anderweitige Beschäftigungen, wie das Lesen und Schreiben von E-Mails sowie gelegentliches Internetsurfen durch die Studenten, zeigt die fehlende Motivation und Konzentration der Hörer.

Die Unerfahrenheit mit Televorlesungen brachte anfangs noch andere unerwartete Probleme mit sich, die teilweise schnell behoben wurden, wie beispielsweise zu kleine Schriftgrößen auf den vorlesungsbegleitenden Folien, die aufgrund der relativ pixeligen[81] Übertragungen im entfernten Hörsaal

---

[81] Pixel: Bildpunkte, die durch hohe Kompression oder zu niedrige Auflösungen zu groß werden.

nicht lesbar waren. Auch die anfangs länger als geplante Vorbereitungszeit und spontane Umstellung mancher didaktischen Lehrkonzepte forderte von allen Teilnehmern Durchhaltevermögen, führte aber im Laufe der Zeit zu reibungsloseren Abläufen. Nach mehrmaligem Umgang mit den M-Bone-Tools waren die Einschränkungen dieser bekannt und die Vorlesungen wurden größtenteils erfolgreich an die Gegebenheiten angepaßt.

6.2.3. Weitere unerwartete Hindernisse

Stolpersteine traten, neben den technischen und didaktischen, an einigen weiteren Stellen auf.

So wurde die Vision durch Aufteilung des Lehraufwandes Personal einzusparen, schnell zunichte gemacht, da in jedem Hörsaal mindestens zwei Mitarbeiter der Hochschule präsent sein mußten, einmal um die Technik zu überwachen und die Verbindung aufzubauen, zum anderen um die Regie für die optimalen übertragenen Bilder zu übernehmen. Die Vorbereitungszeit vor der Vorlesung war durch den Aufbau der Gerätschaften und die Bild- und Tonabstimmung zwischen den Hörsälen wesentlich länger als bei herkömmlichen Veranstaltungen und erforderte mehrere Mitarbeiter der Fakultäten.

Störend erwies sich außerdem der fehlende Bezug zum Dozenten. Viele Studierende hatten eher den Eindruck, eine Fernsehübertragung zu verfolgen, als an einer Vorlesung teilzunehmen, was ebenfalls zum geistigen Abschweifen führte.

Der Lehrende war auch in manchen Vorlesungen wegen der völlig neuen Lehrumgebung nervös, was sich auf das Vortragstempo und das Eingehen auf die Studenten auswirkte. Dies hatte auch zur Folge, daß trotz aufwendigem Aufbau einer bidirektionalen Übertragung, um die Interaktion und Zwischenfragen zu ermöglichen, Fragen und Diskussionen sehr selten, beziehungsweise überhaupt nicht vorkamen. Dies kann als Anzeichen der Scheu der Studenten im Umgang mit der neuen Lehrform gewertet werden. Angegebene Gründe waren beispielsweise die fehlende Einschätzung des richtigen Zeitpunktes, um eine Zwischenfrage zu stellen, oder das simple „nicht stören wollen", was auch seitens der Dozenten nicht richtig eingeschätzt werden konnte.

6.3. Ausblick in die Zukunft des Teleteaching

Berücksichtigt man die unvergleichlich schnelle Entwicklung der Halbleiter- und Softwareindustrie in den vergangenen 20 Jahren, scheinen selbst die kühnsten Szenarios für die Zukunft nicht wirklich unrealistisch. Die Rechenleistung der Computer verdoppelt sich laut Moores Gesetz[82], welches sich in den letzten 20 Jahren als recht zuverlässig erwiesen hat, alle 18 Monate, die Kompressionsverfahren, gerade für Audio- und Videodaten, machen deutliche Fortschritte und die Geschwindigkeiten der Computernetze erhöhen sich ebenfalls kontinuierlich.

So wäre ein virtueller Campus auf dem Bildschirm durchaus denkbar, in dem sich der Studierende, von jedem Aufenthaltsort aus, frei in virtuellem 3D bewegen kann, um so seine virtuellen Hörsäle und Bibliotheken zu erreichen. Virtuelle elektronische Betreuer zur Erstellung von Stundenplänen und zur Erledigung von Prüfungsanmeldungen per Mausklick erscheinen heute noch wie unglaubwürdige Prophezeiungen, wären aber in 5 Jahren durchaus schon denkbar. Vorlesungen könnten regelmäßig aus aller Welt elektronisch in Bild und Ton übertragen werden und Interaktion wäre durch bidirektionale Datenübertragung ohne Einschränkung möglich. Bei einer weiteren Entwicklung der Übertragungstechnik über herkömmliche Telefonleitungen und die wachsende Wahrscheinlichkeit von Pauschaltarifen für die Internetnutzung können die Veranstaltungen auch durchaus von zuhause gehört werden. Auch Gruppenarbeiten von mehreren Studenten sind heute schon online durchführbar und könnten in Zukunft durch technische Neuerungen, beispielsweise durch virtuelle Videokonferenzräume mit allem nötigen Teamwork-Werkzeugen, effizienter werden. Wenn Teleteaching sich in allen Bereichen der Hochschullehre fest etabliert, steht der kooperativen Leistungserstellung zwischen den Universitäten nur noch wenig im Weg. Das Bildungsangebot für die Studenten kann dadurch noch umfangreicher werden

---

[82] Vgl. Gates, B; The Road ahead, S.34

und die traditionelle Lehre kann durch das Teleteaching unterstützt und bereichert werden.

Während sich solche Aussagen noch wie Science Fiction anhören, rücken sie in immer nähere Zukunft. Bedenkt man, daß heute zur Darstellung eines Icons in einem Betriebssystem mehr Rechenleistung nötig ist, als für die gesamte erste Mondlandung, gibt das Grund zur Hoffnung, daß in 20 Jahren unsere kühnsten Erwartungen noch weit übertroffen werden.

6.4. Teleteaching als echte Alternative zu herkömmlichen Vorlesungen?

Die Vorstellung, daß Studenten aus aller Welt von dem fundierten Wissen und den Forschungsaktivitäten bestimmter Spezialisten profitieren könnten trägt dem Gedanken einer hochqualitativen Ausbildung Rechnung. Auch die kooperative Leistungserstellung der Hochschulen und Bildungsallianzen schlagen den richtigen Weg ein, da durch Vermeidung von Mehrfacharbeit und Verringerung des administrativen Aufwands Kosten reduziert werden könnten. Zudem würde das Ausbildungsangebot vielseitiger und qualitativ hochwertiger werden, und die Ortsunabhängigkeit der Bildung könnte zu einer größeren Zugänglichkeit führen.

Die bewußt gewählte Form des Konjunktivs deutet schon darauf hin, daß es sich heute noch zum Großteil um Potentiale handelt und diese vielfach an ihrer Realisierung scheitern. Da heute nur kleine Teile der Lehre mittels Teleteaching übermittelt werden, ist eine Präsenz an der Hochschule nach wie vor nötig, was der Idee eines Fernstudiums, erweitert um die elektronischen Medien, zuwider läuft.

Die unter Abschnitt 6.2. beschriebenen Probleme technischer Art und die unausgereifte Software erschweren momentan noch die Arbeit und erfordern statt einer Einsparung der beteiligten Mitarbeiter der Hochschule heute noch eher das Gegenteil. Diese könnten sich im Idealfall besser der Forschung und der Betreuung der Studierenden widmen.

Auffällig ist auch, daß Teleteachingaktivitäten fast ausschließlich an Informatiklehrstühlen stattfinden. Dies ist wohl darauf zurückzuführen, daß der Umgang mit Computern gerade hier zum Alltag gehört. Eine Scheu vor der

Technik hält in diesen Fakultäten niemanden von solchen Vorhaben ab. Doch die zunehmenden Entwicklungen intuitiv verständlicher grafischer O-berflächen für die Software und eine Stabilisierung der technischen Systeme geben Anlaß zur Hoffnung, daß schon bald Televorlesungen so einfach zu erstellen und zu empfangen sein werden, wie das Surfen im Internet heute. Bandbreitenreservierungen, wie sie noch vor kurzem nicht möglich waren[83], sind durch das IPv6[84] mittlerweile möglich und könnten eine störungsfreie Bildung Online in Zukunft durchaus zum vollen Erfolg werden lassen.

Schon heute hat sich die Vernetzung durch das Internet aber in der Hinsicht bewährt, daß räumliche Distanzen nicht mehr zum automatischen Scheitern eines Projekts führen. Auch wenn beispielsweise Linus Torvalds sicher nicht die Zeit findet, wöchentlich mehrere Stunden für die Onlineunterweisung von Studenten in aller Welt zu opfern, hat es sich schon bewährt, die Kernkompetenzen verschiedener Dozenten zusammenzutragen und daraus ein vielseitiges Bildungsangebot zu schaffen.

Zusammenfassend läßt sich sagen, daß Teleteaching noch in mancher Hinsichten in den Kinderschuhen steckt, sich aber erste Erfolge und positive Erfahrungen abzeichnen. Mit der Weiterentwicklung von Hard- und Software werden in Zukunft mehr Stolpersteine beseitigt und Meilensteine erreicht werden. De Fortbestand des Teleteaching in der Zukunft ist jedenfalls unbestritten, so wie das Bestehen des Internet selbst.

---

[83] Vgl. http://www.iig.uni-freiburg.de/modell/publikationen/Tele-bericht/tele-bericht.html
[84] Internet Protocol version 6, vgl. http://whatis.com/ipv6.htm

7. Schlußwort

Das Thema Teleteaching nimmt an Hochschulen an Bedeutung immer mehr zu. Die Bemühungen einiger Lehrstühle, das Teleteaching permanent in die Lehre einzubinden, zeigt deutlich, daß die Möglichkeiten der neuen Ausbildungsform Erfolge abzeichnen und die Lehre effizienter machen. Die Bündelung von Kernkompetenzen verschiedener Dozenten, das Vermeiden von längeren Fahrten um bestimmte Vorlesungen zu hören, und der Import von Vorlesungen an Universitäten, denen bestimmte Fachbereiche in ihrem Repertoire fehlen, sind wichtige Gründe das Teleteaching dauerhaft in die Lehre zu integrieren.

Hält der Trend, der in den USA zu beobachten ist, auch in Deutschen Hochschulen Einzug, nämlich die zunehmende Privatisierung und damit Konkurrenzdenken zwischen den Universitäten, wird das Anbieten der Lehre über räumliche Grenzen hinweg zum Erfolgsfaktor werden[85]. Die Hochschulen, die ihre Bildung möglichst weiträumig anbieten können, werden den größten Erfolg haben, wobei die Qualität der Bildungsangebote ebenfalls entscheidend sein wird; hat der Student in Zukunft die Wahl zwischen Online-Lehrbüchern mit gelegentlichem E-Mail-Kontakt zum Lehrenden und einer multimedialen, interaktiven Lehrumgebung, wird die Wahl wohl auf letzteres fallen. Dabei ist auch eine Zusammenstellung eines individuellen Stundenplans aus Vorlesungen verschiedener Universitäten, die nicht auf Deutschland beschränkt sein müssen, denkbar[86]. In den USA soll es bis zur Jahrtausendwende bereits eine Million sog. „Cyberstudents" geben, die Zahl soll sich in den kommenden Jahren verdreifachen und auch viele ausländische Studenten beinhalten[87].

Die technischen Schwierigkeiten, die heute teilweise noch in vielen Veranstaltungen auftreten, dürfen nicht vom Teleteaching abschrecken, vielmehr sollten sie als Ansporn dienen, die Hard- und Software zu verbessern und auf die individuellen Bedürfnisse anzupassen. Kompatibilität zwischen ver-

---

[85] Vgl. http://www.jtg-online/jahrbuch/band6/sommer_lf.html
[86] Vgl. Geyer, Eckert, Effelsberg: Multimedia-Technologie zur Unterstützung der Lehre an Hochschulen.
[87] Vgl. http://www.jtg-online/jahrbuch/band6/sommer_lf.html

schiedenen Systemen und einfache, intuitive Benutzeroberflächen sind gerade für gelegentliche Computernutzer entscheidende Kriterien. Die enorme Popularität des Internets setzte auch erst zu den Zeitpunkt ein, als die Nutzung so einfach wurde, daß auch Laien damit umgehen konnten.

Die Entwicklung der Lehre in den kommenden Jahrzehnten wird jedenfalls in mancher Hinsicht stärker mit den Traditionen brechen, als in den letzten paar hundert Jahren, und es wird spannend abzuwarten, was die Studenten in ein bis zwei Generationen von ihrer Hochschulausbildung berichten.

Abkürzungsverzeichnis

AOF	Authoring On the Fly
B-WIN	Breitband Wissenschaftsnetz
CBT	Computer Based Training
GByte	GigaByte: 1024000000 Byte
HTML	Hypertext Markup Language
IHL	Interactive Home Learning
IP	Internet Protocol
IRC	Internet Relay Chat
ISDN	Integrated Service Digital Network
ISP	Internet Service Provider
Kbyte	Kilobyte: 1024 Byte
Kbps	Kilo Bits pro Sekunde
LAN	Local Area Network
LoD	Lecture On Demand
MBone	Multicast Backbone
Mbps	Mega Bits pro Sekunde
MByte	MegaByte: 1024000 Byte
MCU	Multi Control Units
MPEG	Motion Pictures Expert Group
NNTP	Network News Transfer Protocol
ODL	Open Distance Learning
PC	Personal Computer
PDF	Portable Document Format
PPTP	Point To Point Tunneling Protocol
PS	Postscript
RIS	Remote Interactive Seminar
RLR	Remote Lecture Room
RTCP	RTP Control Protocol
RTF	Rich Text Format
RTP	Real-time Transport Protocol
SDAP	Session Directory Announcement Protocol

SDP	Session Description Protocol
SGI	Silicon Graphics Indy
SMIL	Synchronized Multimedia Integration Language
TCP	Transport Control Protocol
TCP/IP	Kombination von TCP und IP
URL	Uniform Resource Locator
UUCP	Unix to Unix Copy Protocol
VM	Virtual Machine
VOD	Video On Demand
VRML	Virtual Reality Modeling Language
WAN	Wide Area Network
WWW	World Wide Web
WYSIWYG	What You See Is What You Get
XML	Extended Markup Language

Literaturverzeichnis

Gates, B.: The Road Ahead, Penguin Verlag, New York, London, 1995

Starr, Roxanne, Hiltz: The virtual classroom, learning without limits via computer networks, Ablex publishing Cooperation, 1994

Astleitner, H.: Pädagogische Grundlagen virtueller Ausbildung, WuV Verlag, 1999

Nikolaus, U. „Teleteaching", Multimedia CD-ROM, Hrsg. Lehner, F., Regensburg, 1999

Geyer, Eckert, Effelsberg: Multimediatechnologie zur Unterstützung der Lehre an Hochschulen, unter:
http://www.informatik.uni-mannheim.de/~geyer/publications/buch97.ps.gz
abgerufen am 26.10.1999

Geyer, Eckert, Effelsberg: Das Projekt Teleteaching der Universitäten Mannheim und Heidelberg, unter:
http://www.informatik.uni-mannheim.de/~geyer/publications/learntec97.ps.gz
abgerufen am 26.10.1999

Geyer, Effelsberg: Tools for digital lecturing – What we have and what we need, unter:
http://www.informatik.uni-mannheim.de/~geyer/publications/bite98.ps.gz
abgerufen am 26.10.1999

Steinmetz, R.: Multimedia-Technologie. Berlin, Heidelberg, New York: Springer-Verlag, 1993

Lehner F.: Teleteaching in der Wirtschaftsinformatik – Erfahrungen an der Universität Regensburg, Forschungsbericht Nr. 25, 3. Auflage, Schriftenreihe des Lehrstuhls für Wirtschaftsinformatik III, Universität Regensburg,1999

Lehner, F., Klosa, O.: Teleteaching – Erscheinungsformen und Ergebnisse einer Umfrage unter Teilnehmern einer Televorlesung. Forschungsbericht Nr. 28, Schriftenreihe des Lehrstuhls für Wirtschaftsinformatik III, Universität Regensburg, 1999

http://www.tele-ak.fh-furtwangen.de/ta-info/lern/teach.htm
abgerufen am 09.09.1999

http://www.tele-ak.fh-furtwangen.de/ta-info/lern/odl.htm
abgerufen am 30.06.1999

http://www.tele-ak.fh-furtwangen.de/ta-info/lern/tut.htm
abgerufen am 30.06.1999

http://www.adobe.com
abgerufen am 16.08.1999

http://www.tu-chemnitz.de/home/iuk/iukbilanz.htm
abgerufen am 23.06.1999

http://www.jtg-online/jahrbuch/band6/sommer_lf.html
abgerufen am 21.09.1999

http://whatis.com/tcp.htm
abgerufen am 05.10.1999

http://bzvd.urz.tu-dresden.de/mmrz/mmrz.pdf
abgerufen am 08.11.1999

http://blitzen.canberra.edu.au/RFC/rfc/rfc1889.html
abgerufen am 14.10.1999

http://www.invlogic.com/irc/rfc1459_00.html
abgerufen am 11.10.1999

http://whatis.com/usenet.htm
abgerufen am 07.10.1999

http://whatis.com/streamvd.htm
abgerufen am 14.10.1999

http://www.w3.org/xml
abgerufen am 29. 10.1999

http://www.w3.org/MarkUp/
abgerufen am 03.10.1999

http://www.dataquest.com
abgerufen am 17.11.1999

http://new-website.openmarket.com/intindex/98-05.htm
abgerufen am 11.11.1999

http://www.geocities.com/Tokyo/5616/index_r.htm
abgerufen am 09.10.1999

http://www.dfn.de
abgerufen am 15.10.1999

http://www.viror.de
abgerufen am 06.11.1999

http://www.tele-ak.de/ta-info/aufgaben.htm
abgerufen am 20.11.1999

http://telet.inf.tu-dresden.de/mml/telet/ap3.htm
abgerufen am 26.08.1999

http://modell.iig.uni-freiburg.de/publikationen/Tele-bericht/tele-bericht.html
abgerufen am 16.08.1999

http://whatis.com/ipv6.htm
abgerufen am 05.10.1999

https://vu.fernuni-hagen.de/cgi-
bin/ws.exe/Anwendung/optional/project/kurzanleitung.html
abgerufen am 19.11.1999

https://vu.fernuni-hagen.de/Anwendung/information/szenario.html
abgerufen am 18.11.1999

http://www.winfoline.de/BIG/UP1/beschreibung/ueberblick.doc
abgerufen am 25.09.1999

http://www.unige.ch/seinf/mbone.html
abgerufen am 30.09.1999

http://telet.inf.tu-dresden.de/mml/telet/Meilensteine/6/abschluss.htm
abgerufen am 22.10.1999

http://teleteaching.wi2.uni-erlangen.de/ttref/berichte/pab1.ps.gz
abgerufen am 02.09.1999

Zwischenberichte zu Meilensteinen 1 bis 4 des Vorhabens „Multimediales
Teleteaching als Baustein des Vorlesungsbetriebs an Hochschulen – MMTT,
unter:
http://teleteaching.wi2.uni-erlangen.de/mmtt/down/zwb1_ps.zip
http://teleteaching.wi2.uni-erlangen.de/mmtt/down/zwb2_ps.zip
http://teleteaching.wi2.uni-erlangen.de/mmtt/down/zwb3_ps.zip
http://teleteaching.wi2.uni-erlangen.de/mmtt/down/zwb4_ps.zip
abgerufen am 02.11.1999

Anhang

Übersicht der MBone-Tools (Tool/Verfügbarkeit/Versionsnummer)
Quelle: http://www-mm.urz.tu-dresden.de/mbone/software.html

Audio	Source	Solaris	IRIX	LINUX	FreeBSD	Win95/98/NT4.0
vat	4.0b2	4.0b2	4.0b1	4.0b2	4.0b2	4.0b2
mash-vat	5.0b2	5.0b1 5.0b2		5.0b1 5.0b2	5.0b1 5.0b2	5.0b1
rat	3.0.35	3.0.31 3.0.35	3.0.31 3.0.35	3.0.33	3.0.34	3.0.34 3.0.35
rat-experimental	4.0.3 4.1.1	4.0.3 4.0.4	3.2.5	3.2.5 4.0.3	3.2.6 4.0.3	4.0.3 4.0.4
fphone		3.5b3	3.0b1	3.5b3	3.5b3	3.5b3
RendezVous		1.0.2		1.0.2	1.0.2	1.0.2

Video	Source	Solaris	IRIX	LINUX	FreeBSD	Win95/98
shrimp-vic	2.8ucl4 2.8ucl-1.0	2.8ucl4 (1) 2.8ucl4 (2) 2.8ucl-1.0	2.8ucl3 2.8ucl4 (3) 2.8ucl- 1.0	2.8ucl4 2.8ucl- 1.0		2.8ucl3 2.8ucl4 2.8ucl-1.0
vic	2.8	2.8	2.8	2.8p1	2.8	2.8
mash-vic	5.0b1 5.0b2	5.0b1 5.0b2		5.0b1 5.0b2	5.0b1 5.0b2	5.0b1
nv	3.3b	3.3b	3.3b	3.3b	3.3b	
RendezVous		1.0.2		1.0.2	1.0.2	1.0.2

Whiteboard	Source	Solaris	IRIX	LINUX	FreeBSD	Win95/98
wb	-	1.60	1.60	1.59	1.59	-
shrimp-wbd	1.0ucl4	1.0ucl4	1.0ucl4			1.0ucl4
dlb	a.A.	1.8b8	1.8b8	1.8b8		
mash-mb		5.0b1		5.0b1	5.0b1	5.0b1

mDesk		0.62	0.62	0.62	0.62	
wbd	1.00a					X
Text	**Source**	**Solaris**	**IRIX**	**LINUX**	**FreeBSD**	**Win95/98**
nte	1.5a23 1.7.0	1.7.0	1.7.0	1.5a23	1.5a23	1.7.0
nte-experimental				1.5.33		
mpoll	1.5b	1.5b	1.5b			1.5b
Session Announcement & Control	**Source**	**Solaris**	**IRIX**	**LINUX**	**FreeBSD**	**Win95/98**
sdr	2.6.3 2.9	2.6.3 2.8 2.9	2.6.3 2.9	2.6.3	2.6.3	2.6.3 2.9
sdr-experimental	2.7e	2.6.1 2.7e	2.6.1 2.7e	2.5a5 2.5.8	2.5a5 2.5.8	2.6.1 2.7e
mash-rsdr		2.3a1		2.3a1	2.3a1	2.3a1
shrimp-sdr						
ReLaTe (shrimp)		2.0	2.0			2.0
Confman2		2.0	2.0	2.0pl1		2.0
mSD		0.21	0.21	0.21	0.21	0.21
mAnnouncer		1.1.2	1.1.2	1.1.2	1.1.2	1.1.2
MMCC		v55a	v55a			
Recording	**Source**	**Solaris**	**IRIX**	**LINUX**	**FreeBSD**	**Win95/98**
wrtp		v0.1	v0.1	v0.1		
vcr	1.4a02	1.4a02	1.4a02	1.4a02		
MVoD		0.9a12	0.9a12	0.9a12		
mMOD		0.24b	0.24b	0.24b	0.24b	0.24b
Debugging	**Source**	**Solaris**	**IRIX**	**LINUX**	**FreeBSD**	**Win95/98**
Mlisten	1.0	2.1				
rtptools	1.4	1.4	1.4	1.4	1.4	

	1.12	1.12	1.10	1.12	1.10	
MView	1.0a6	1.0a6				
Multicast Routing	**Source**	**Solaris**	**IRIX**	**LINUX**	**FreeBSD**	**Win95/98**
mrouted	3.9b3	3.9b3	3.9b3		3.9b3	
monstermash	X	X				
mTunnel		0.3	0.3	0.3	0.3	0.3
Sonstige	**Source**	**Solaris**	**IRIX**	**LINUX**	**FreeBSD**	**Win95/98**
webcanal		2.8b6	2.8b6	2.8b6	2.8b6	2.8b6
mWeb		0.21	0.21	0.21	0.21	0.21
mTranslator		0.2	0.2	0.2	0.2	0.2
mLaunch		0.2	0.2	0.2	0.2	0.2

Diplomarbeiten Agentur

Die Diplomarbeiten Agentur vermarktet seit 1996 erfolgreich
Wirtschaftsstudien, Diplomarbeiten, Magisterarbeiten, Dissertationen
und andere Studienabschlußarbeiten aller Fachbereiche und Hochschulen.

Seriosität, Professionalität und Exklusivität prägen unsere Leistungen:

- Kostenlose Aufnahme der Arbeiten in unser Lieferprogramm
- Faire Beteiligung an den Verkaufserlösen
- Autorinnen und Autoren können den Verkaufspreis selber festlegen
- Effizientes Marketing über viele Distributionskanäle
- Präsenz im Internet unter **http://www.diplom.de**
- Umfangreiches Angebot von mehreren tausend Arbeiten
- Großer Bekanntheitsgrad durch Fernsehen, Hörfunk und Printmedien

Setzen Sie sich mit uns in Verbindung:

Diplomarbeiten Agentur
Dipl. Kfm. Dipl. Hdl. Björn Bedey —
Dipl. Wi.-Ing. Martin Haschke ——
und Guido Meyer GbR ————

Hermannstal 119 k ————
22119 Hamburg ————

Fon: 040 / 655 99 20 ————
Fax: 040 / 655 99 222 ————

agentur@diplom.de ————
www.diplom.de ————